青年中国说·理解系列
YOUTH VOICES: UNDERSTANDING CHINA SERIES

丛书主编：谭安奎　叶　林

理解城市
城市公用事业调查报告选集

（2022）

REPORTS ON
URBAN PUBLIC UTILITIES IN CHINA (2022)

陈　玲　主编

社会科学文献出版社
SOCIAL SCIENCES ACADEMIC PRESS (CHINA)

图书在版编目（CIP）数据

理解城市：城市公用事业调查报告选集. 2022 ／ 陈
玥主编. -- 北京：社会科学文献出版社，2022.9
（青年中国说. 理解系列）
ISBN 978 - 7 - 5228 - 0304 - 3

Ⅰ. ①理… Ⅱ. ①陈… Ⅲ. ①城市 - 公用事业 - 调查
报告 - 中国 Ⅳ. ①F299.24

中国版本图书馆 CIP 数据核字（2022）第 109755 号

青年中国说·理解系列
理解城市：城市公用事业调查报告选集（2022）

主 编／陈 玥

出 版 人／王利民
责任编辑／刘 荣
文稿编辑／陈 冲
责任印制／王京美

出 版／社会科学文献出版社 （010）59367011
地址：北京市北三环中路甲 29 号院华龙大厦 邮编：100029
网址：www. ssap. com. cn
发 行／社会科学文献出版社 （010）59367028
印 装／三河市尚艺印装有限公司

规 格／开 本：787mm × 1092mm 1/16
印 张：13 字 数：217 千字
版 次／2022 年 9 月第 1 版 2022 年 9 月第 1 次印刷
书 号／ISBN 978 - 7 - 5228 - 0304 - 3
定 价／99. 00 元

读者服务电话：4008918866

总　序

当今世界正经历百年未有之大变局。所谓"变局",固然意味着经济、政治、文化秩序的重大调整,但其深层意涵,则指向相关知识与观念体系的更迭重塑。

若问新知识、新观念所来何处,古今中外均有智识灵感之源。然而,触发此番时势鼎革的众多变量中,中国独特的治理道路及成就恰是关键之一。这一仍在展开中的宏大实践与自主探索,无论是其既成的经验,还是其开放的可能,都需要而且值得基于深入的调查研究予以呈现,以形成关于"中国之治"的深度理解和积极反思,进而提供新知构造的源泉。

理解实践与探求新知,在此相得益彰。大学与青年学生为求新知,自当面向实践,开展调查研究。职是之故,中山大学政治与公共事务管理学院谋划推出"青年中国说·理解系列"丛书,以推动青年学生在老师的指导下开展社会调查,撰写调研报告。我们期望通过这一过程,让青年学生丰富社会感知,操练研究方法,获取经验知识,理解公共事务,讲好中国故事,涵育家国情怀。

辨析一个复杂社会的纹理,探究一个超大国家的治理,无疑是一项充满诱惑的工作。好在,身处这个巨变的时代,我们无须再发"白头何处觅新知"的慨叹。一则,发生在我们身边或者我们身处其中的生动、斑驳的实践,就隐藏着解决困惑的部分答案,因此,欲觅新知,就在此处;二则,青年学生及时深入"中国之治"的田野和现场,理解国家和时代,所知超乎纸上所得,青春正好,不待白头。

新时代以来,关于大学回归立德树人之根本,呼声日隆,举措频出。中山大学政治与公共事务管理学院诸位同仁倾尽心力为学生调研和报告的撰写提供专业指导；众多青年学子热心向学，关怀社会，投身专题调研，发出清雅之声。面对国家治理之诸多议题，师生同业共修，遂有此"青年中国说·理解系列"丛书。当此之时，乐学善教之风延绵不辍，立德树人之业花果满枝，是为所望。

中山大学政治与公共事务管理学院　谨识

2020 年 1 月

前　言

　　中山大学政治与公共事务管理学院公共管理专业开设四个方向的选修课程：公共管理、政治学、社会政策和城市管理。"城市公用事业发展"是城市管理方向的核心课程之一。这门课程的研究对象——城市公用事业，构筑了我们生活和工作的基础设施平台和网络，为我们提供日常公共服务，却不容易被"看见"。因此，将研究对象显性化，帮助学生理解其复杂性，并提供解释，是这门课程的重要使命。我们鼓励学生在课堂学习之外，通过多种形式，走入城市，观察身边的这些沉默的基础设施，倾听政策制定者、实施者和市民的声音，在观察中完成理解，形成解释。"青年中国说·理解系列"之《理解城市：城市公用事业调查报告选集（2022）》就是学生走入现场、深入观察的成果。

　　《理解城市：城市公用事业调查报告选集（2022）》覆盖城市公用事业的三个重要议题：城市治理与城市公用事业发展、城市公用事业市场化改革、城市公用事业供给和融资模式创新。

　　第一部分"城市治理与城市公用事业发展"的四篇文章以城市治理为主题，采用的是"小切口、大问题"的视角，探讨城市公用事业发展背后的城市治理问题。杨威乾同学的《城市道路停车泊位供给的影响因素探究——以广州市越秀区和天河区为例》关注的是一个生活中时常遇到的研究对象：大城市中的泊车位。这篇调研报告聪明地选择了城区比较的方式，通过比较两个相邻城区在泊车位供给上的差异，来寻找重要的解释变量。在公共治理的视角下，作者观察到城市土地规划制度和城市治理结构对市政道路设施供给的双重影响。刘璇同学的《城市治理视角下的轨道交通发展——以广州地铁 18 号线的规划建设为例》关注的是地铁公用事业。地铁穿梭于地下空间，但它的布局、选址和规划对地面上的生产和生活形态影响较大。这篇文章以广州地铁 18 号线的建设为考察对象，探讨地铁所牵涉的区域间关系、不同层级政府间关系以及政府与市民个体的关系。相较于地下设施，纵横交错的城市水域设施则暴露于地面之上，在高度城市化的今天，对城市治理的影响更加直接，是城市环境治理的重大挑战。陆嫣然同学的《广州市番禺区大山西涌流域治理的河长制实践——基于整体性治理理论》以广州市番禺区的河涌治理为研究对象，在走访中对河涌周边居民进行观察、倾听他们的心声并与之讨论，分析河长制对水域公用事业治理的作用。中国城市化进程带来参差多样又同时空并存的城市面貌，广州的城中村就是一个浓缩的例子。植金容同学的《城中村环卫公用事业差异化发展原因探析》选择了广州历史悠久的石牌村作为研究对象，通过描述城中村不同场景中的环卫公用事业，展现了城中村这一兼容城乡形态的城市空间中公用事业碎片化的供给状态。

第二部分"城市公用事业市场化改革"的两篇文章分别探讨了电力和城市公交两个行业的市场化改革。电力行业的市场化改革牵涉复杂的技术设施变革，公交行业的市场化改革则牵涉数量众多的劳动者权益问题。中国公用事业市场化改革所面临的重大问题和挑战都存在于这两个行业中。高沁云同学的《制度选择理论下的中国电力行业市场化策略抉择——以 J 省电改为例》关注 J 省电力事业市场化改革历程中的制度选择问题。这篇报告基于作者与实务工作者的详尽访谈，试图为我们呈现电力行业中与物理网络同样复杂的制度网络。黄晨馨同学的《市场化的城市公交为何会回归自主运营？——以 H 省 S 市公交民营化改制为例》在收集大量案例材料的基础上，展现城市公交市场化改革过程中的结构性制约以及政府、企业与工人之间的风险分配。

第三部分"城市公用事业供给和融资模式创新"的三篇文章聚焦近年来公用事业领域广泛采用的 PPP 模式，探讨公用事业模式创新如何平衡公共性和效率性。作为城市公用事业融资的创新模式，PPP 在撬动社会资本的同时，也存在地方政府隐性债务风险，李正邦同学的《PPP 项目类型如何影响政府隐性负债？——以广州市 PPP 项目为例》一文，在翔实的数据基础上，试图挖掘 PPP 项目类型中地方政府隐性债务的倾向。涂艳翎和梁灿鑫的两篇文章则聚焦于 PPP 的公共服务供给模式的属性。涂艳翎同学的《城市养老公用事业 PPP 供给模式的政策风险及其生成机制——以深圳福田区养老 PPP 项目为例》是走访深圳市福田区多个养老服务机构的调研结果，该文探讨了压力型体制之下养老行业引入社会资本的政策风险。梁灿鑫同学的《广州城市环卫服务供给模式转变的根源与趋势》则以广州环卫行业为例，从比较的视角呈现了公用事业常见的科层、合同外包和 PPP 模式之间共存和转化的趋势。

上述文章的写作者都是初涉学术殿堂的本科学生，文笔和观点有待磨炼。所幸调查报告的本意在于推动学生在理论与经验的左右互搏中不断成长，发现知识的力量。相信读者在阅读这些文字的过程中，能够感受到青年学子在田野调查中不知疲累的韧劲和文字当中流动的热忱与担当。我们将这些感性细节放在每篇文章的后记当中，作为见证。

陈　玲

2021 年 6 月 9 日

目 录
Contents

城市公用事业供给和融资模式创新

城市治理与城市公用事业发展

城市道路停车泊位供给的影响因素探究

——以广州市越秀区和天河区为例

杨威乾*

摘　要：广州市越秀区城市道路停车泊位供给数量远远大于天河区。为探究这一现象产生的原因，本文梳理了广州市城市道路停车泊位制度的历史和现状，并从土地制度和治理结构两个角度解释越秀区和天河区城市道路停车泊位设置的差异，发现土地利用和政策取向差异、多头管理和多方参与共同影响了两区城市道路停车泊位制度安排。本文认为，要想实现地区内城市道路停车泊位供给与动态交通的协调发展，应结合城市土地利用需要、注重政策取向平衡以及明确各主体职能范围。

关键词：道路停车泊位供给　土地制度　治理结构

一　问题的提出

近年来，我国经济发展迅速，城市化进程加速，人民生活水平提高，催生出巨大的出行需求，小汽车进入普通家庭的步伐加速，居民出行方式日益机动化，导致城市停车需求快速增长。但与此同时，停车设施供给存在明显的缺口，以市政道路设施为主的交通供给与产生交通需求的城市土地利用模式之间存在较为严重的冲突。特别是城市的中心城区，由于地处核心地带，用地密集程度高，停车泊位供需矛盾尤甚。

为此，一些城市陆续在中心城区开展城市道路基础设施供需的规划，城市中心旧城区道路容量趋于饱和、交通堵塞，但是道路建设用地不足，

---

* 杨威乾，中山大学政治与公共事务管理学院行政管理专业 2021 届学士，复旦大学社会发展与公共政策学院社会保障专业 2021 级硕士研究生。

通过交通需求控制手段（如减少停车泊位）抑制小汽车的使用是老城区疏堵的重要手段；城市经济中心要素流动快，城市活动密集，机动车通行需求旺盛，城市道路停车泊位需求大，有效供给停车设施有利于激活经济活力。通过公共服务供给总量控制手段引导城市要素合理流动，可以有效改善中心城区交通运行状况，推动城市经济发展。

在广州，同为中心城区，越秀区城市道路停车泊位的供给明显多于天河区，是什么因素导致这种显著差异？为回答这个问题，本文以越秀区和天河区城市道路停车泊位供给情况为研究对象，通过比较两区城市道路停车泊位供给差异，探究差异形成背后的逻辑，寻求影响设置城市道路停车泊位的因素，从而为科学、合理地进行城市道路停车泊位供给以实现与动态交通协调发展提供对策建议。在此基础上，总结包括城市道路停车泊位在内的城市公用事业供给的逻辑，以此窥探城市公用事业供给与城市发展方向良性关系的构建，推动城市特别是中心城区高质量发展。

二 概念界定

（一）制度

"制度"概念可追溯到中国古代典籍《周易》中的"节以制度"，其作用在"节"，制度是约束社会人群行动的共同规则。在当下，对制度的研究汗牛充栋，形成了各具特色的学科视角。但正如 V. Ostrom 和 E. Ostrom（1977）所说，制度的不可见性，导致制度概念很难界定。Hall 等（1996）将制度界定为一种共享的意义系统，组织和个体行为与共享的意义、符号的注入有关。与其相似，E. Ostorm 认为制度是指"普遍共享的规则、规范等要素组成的体系"（李文钊、蔡长昆，2012）。

本文赞同 North 对制度的界定。North（1990）认为，制度是一套具有共享意义的规则、规范等的组合，包括正式制度、非正式制度和执行机制，换言之，制度包括法律法规、规章政策，以及社会大众普遍接受的社会道德、组织规则和行为方式等。城市公用事业的制度安排就是政府或个人在制度约束和激励下决策的结果。

（二）城市治理结构

城市治理结构在学界研究中多见于城市规划学科，其范畴包括组织结构、财政结构、空间结构、社会结构、经济结构等。基于行政学学科视角与研究对象即公用事业的特性，笔者选取城市治理结构的组织维度，认为城市治理结构是决策权在不同阶层间分配的结果，城市治理结构研究就是将国家层面的决策权分配问题置于城市治理层次（何艳玲，2008）。换言之，城市治理结构表现为城市决策权分配、决策的组织运作机制和结果，具体到中国城市实践，城市治理结构就是权责在公共部门层级之间的分配与运作。城市公用事业供给状况就是权责在不同层级公共部门间传递分配的结果。

三　文献综述

一般而言，公用事业被认为是由地方政府或其委托的政府部门直接管辖的为辖区内公众或不特定的多数人提供特定公共产品或公共服务的行业（秦虹，2007），具体包括城市市政交通、环卫绿化、垃圾处理等。目前学界对于公用事业的研究数不胜数，本文主要总结前人有关制度和组织治理结构对公用事业发展特别是公用事业供给的影响的研究，以为城市停车泊位供给提供理论支持。

（一）制度影响公用事业

目前学界对制度环境影响公用事业的供给方式的研究较为零散，更多的是从制度环境对公共事务治理的制度安排视角进行研究。由于公用事业的供给方式本身就是一种制度安排，因此对制度环境影响制度安排的研究进行梳理，反而能更好地理解其背后的逻辑。

制度环境对制度安排影响的研究是新制度经济学的重要议题之一（Eggertsson，1993）。Nee（2000）提出制度环境对公共事务的发展起到约束或激励作用。在此基础上，李文钊、蔡长昆（2012）认为制度环境主要通过两个机制影响公共事务治理的制度安排，一是制度环境影响可供公共事业选择的制度空间，二是制度环境对不同制度安排的成本产生差异化的激励。换言之，制度既约束制度中的行为主体，也为主体提供激励机制（张国庆、赵亚翔，2013），并且通过各种物质资源要素的组合作用形成特定的公共事务治理制度安排（Knoke，1990）。

（二）治理结构影响公用事业

治理结构一直都是行政学、组织学等学科研究的"大问题"（何艳玲，

2008）。从治理结构的理论脉络上看，以 Hunter 等（1953）为代表的精英论和以 Dahl（1961）为代表的多元论构成传统治理结构研究的两大流派。20 世纪 70 年代以来西方各国面临严重的政治经济问题，以增长机器论（Molotch，1976）和城市体制论（Stone et al.，1992）为代表的新的结构研究理论出现，将结构与城市土地开发、城市发展等议题相结合（何艳玲，2008）。这些理论提供了理解结构与城市公共事务治理制度安排关系的新视角。

相关学者主要从两个层面讨论了治理结构对城市公用事业（或者说对公共事务治理的制度安排）产生的影响。是否具有民主参与的渠道和权力共享的安排决定城市治理权责的分配，从而影响资源的分配（李文钊、蔡长昆，2012）。而资源（经济资源、合法性资源等）的匮乏与否对公共事务治理制度安排具有重要意义（Scott，1995）。我国城市治理结构在"国家—社会"维度呈现国家居于主导地位的特点，在国家内部呈现权责分散在各个层级部门的特点。这种双重性影响了我国公共事务治理的制度安排。

（三）述评

学界既有研究对公共事务治理的制度安排提出了许多具有启发意义的观点，为本文探讨制度与城市治理结构对公用事业制度安排的影响奠定了理论基础。但是，总体来看，上述研究成果的不足之处在于：其一，学者多从理论视角讨论制度、结构与公共事务治理的制度安排之间的关系，较少从某一具体领域阐述公用事业的供给机制，实证研究较少；其二，现有理论对公用事业的供给机制缺乏连接性的思考，对公用事业供给机制的选择带有"非此即彼"的简单化认识或者混合供给就能解决问题的观念。事实上，任何一种公共事务治理的制度安排（公用事业供给机制）必然指向特定属性的公共事务，制度约束、治理结构等因素都将影响公用事业供给的情况。

四 理论基础与分析框架

（一）理论基础

本文将从土地制度和治理结构视角出发，探讨越秀区、天河区城市道路停车泊位供给的显著差异。

首先，新制度经济学派认为制度具有激励功能，其代表人物 North（1990）认为制度是社会行动的规则能对人们之间的行为交往产生约束作用，制度的激励和约束功能推动行动者制定行动策略。在本案例中，一方面，城市规划等制度推动形成差异化的土地利用制度安排，从而推动城市要素互相作用，形成不同的土地利用方式，进而影响了公用事业的安排；另一方面，不同的土地利用方式决定了城市不同区域的功能定位，从而催生出差异化的政策取向，影响公用事业的供给安排。

其次，我国城市治理结构在国家—社会维度上呈现出国家居于主导地位的现象，职责同构的体制特点又使权责分散于各个层级部门。各个层级公共部门由于所处位置不同，形塑行动者在政治过程中的权力和偏好（阿利森、泽利科，2008）。一方面，目标设定、决策执行、检查验收等权责在城市不同层级的组织间进行分配（周雪光，2017），一项政策或制度的改变涉及多个层级、多个部门，催生多头管理的现象，由于存在路径依赖，不同部门具有差异化的资源权力配置能力，出于各自部门利益最大化的考虑，不同部门在各自权责内对公用事业供给安排施加影响，从而影响城市公用事业制度改变的空间。另一方面，在治理结构中，不同职能部门面临不同的约束、目标和激励（陈家建等，2013），在公用事业的制度安排上存在不同的偏好，形塑不同部门的行动策略，多方参与催生多样化的公用事业供给方案，从而影响制度选择的空间。

（二）分析框架

制度和结构对城市公用事业供给的影响的解释框架具体如图 1 所示，这也是本文的分析框架。

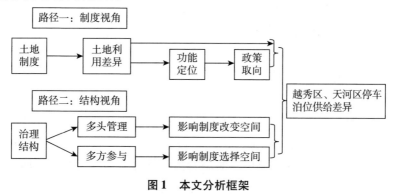

图 1　本文分析框架

五　研究方法

（一）二手数据收集法

本文通过广州市交通委员会、广州市统计局等政府部门网站，了解广州市各区城市道路停车泊位状况，提出研究问题；并通过相关数据库、图书馆、新闻媒体、政府官方网站等渠道，搜集已有的相关研究、新闻报道、政策文件等文献资料，为探讨两区城市道路停车泊位供给差异的内在逻辑奠定基础。

（二）实地观察法

本文选取越秀区北京路核心文化区、东湖路居民聚集区和天河区珠江新城周围为实地走访观察地，观察不同区域城市道路停车泊位实际情况，切身感受不同区域的城市道路停车泊位供给差异及存在的问题。

六　案例分析

（一）案例背景

为探究影响广州市越秀区和天河区城市道路停车泊位制度存在差异的因素，须先全面了解其他城市以及广州城市道路停车泊位的制度历史和现状。因此，本文先简单介绍国内其他大城市道路停车泊位制度的设计，接着梳理广州市特别是中心城区城市道路停车泊位的制度变迁过程，然后聚焦越秀区和天河区城市道路停车泊位制度差异。

1. 国内城市道路停车泊位的制度对比

香港作为人多地少的国际化大都市，早在1990年就提出道路停车设施方面的供给与需求要达到低水平的平衡。在供给方式上，由港英当局对全港城市道路停车泊位实施统一规划和开发建设；在运营方式上，鼓励市场化运营，授权专营企业对城市道路停车泊位实行统一的经营管理（香港布政司署运输科，1990），积极推动停车设施建设与管理的民营化；在总量控制上，采取差异化收费制度，明确路内路外停车泊位定位，道路停车泊位主要满足短时停放需求，采用限时高收费的方式来限制路边长时间停车

（徐瑞，2019）。

北京市由市公安机关交通管理部门负责设置、调整市政停车设施，由区人民政府决定是政府直接运营还是采取社会购买服务的方式，委托相关企业对停车设施进行管理，所得收入纳入区级财政非税收入。在总量控制上，中心区遵循控制和减量化的原则，优先保障动态交通顺畅（北京市人大常委会，2018）；为了减少城市道路路内停车对城市动态交通的影响，北京率先取消商业中心的城市道路停车泊位，并在长安街、平安大街等78条大街取消城市道路停车泊位。

上海市由市政府直接投资提供城市道路停车泊位。通过行政和价格手段，总体上收取较高的停车费用，并在中心区域、外围区和郊区等不同区域执行"逐级递减"的差别化费用管理机制，引导车辆更多在室内或地下停车库停放，抑制车辆长时间占用道路资源（上海市交通委，2017）；同时逐步减少路内停车场投放规模，缓解动态交通拥挤的矛盾。

深圳市城市道路停车泊位供给制度安排呈现多样化。一是不断增加路边停车泊位，2017年全市停车大调查数据显示，截至2017年4月，全市城市道路停车设施约1.3万个，根据规划，至2020年，全市路边临时停车设施将增加到1.65万个；二是多方主体参与城市道路停车泊位供给，形成多种供给模式，包括市政府和社会资本合作（PPP）模式、市政府直接投资模式以及区政府投资模式；三是坚持差别化供给的原则，重点保障公共设施聚集区、老旧城区等停车矛盾突出区域的供给，通过增设路内车位以缓解停车矛盾，加强外组团中心片区路内停车泊位的建设；四是推行"智慧停车联网工程"，推进路边智慧停车管理系统建设，提高路边停车效率和水平（深圳市发展和改革委员会，2018）。

通过比较国内相关城市道路停车泊位制度的经验，可以发现，政府在道路停车泊位的制度安排方面发挥着重要作用，不同程度地参与停车泊位供给，此外市场化也是多数大城市运营城市道路停车泊位的选择，为了减少城市道路停车泊位对动态交通的影响，多数城市实行严格的总量控制，逐步减少中心城区的道路停车泊位（深圳除外，见表1）。总的来说，国内城市在城市道路停车泊位供给制度安排上，经历了从最低限度满足停车供给和需求的平衡向合理引导停车需求的转变，并根据城市各功能分区的现状采取差异化的停车泊位供给政策（徐瑞，2019），这在一定程度上说明当前城市公用事业供给正朝适应城市功能地位的方向发展。

表1　国内各大城市道路停车泊位制度比较

城市	供给主体	运营方式	总量控制	其他
香港	政府	市场化	减少	—
北京	市、区政府	市场化和科层化结合	减少	—
上海	市政府	科层化	减少	—
深圳	市、区政府，社会资本	市场化和科层化结合	增加	智慧停车管理

2. 广州市中心城区城市道路停车泊位供给模式变迁（2010～2019年）

总体而言，广州市中心六区城市道路停车泊位供给模式正由"供给权和经营权分离、经营市场化"向"供给和经营皆回归科层化"方向发展。

（1）城市道路停车泊位供给数量变化

广州市中心城区城市道路停车泊位供给总体上呈现减少的趋势。据不完全统计，2010年，广州市城市道路停车设施供给总量约为3万个，其中市政道路停车设施约1.9万个、内街内巷停车设施约1.1万个（廖妍，2016）。2016年9月，经市公安机关交通管理部门和各区交通部门、城市道路管理部门核查，中心六区城市道路停车设施共8659个（其中，咪表路段泊位6054个，人工收费泊位2605个）。截至2018年7月31日，中心六区共有全天准停的城市道路临时泊位6588个（其中，咪表泊位4365个，内街内巷泊位2223个）。2018年10月实行新规后，全市中心六区全天准停泊位5094个（其中，正常泊位4913个，残疾人机动轮椅车专用泊位181个）（广州市交通运输局，2018）。

（2）从市场化回归科层化的城市道路停车泊位经营制度

广州市中心六区城市道路停车泊位供给主体众多。中心六区的市政道路（包括主干道、次干道及支路）停车泊位由市财政、市城投集团投资供给，内街内巷的停车泊位则由各区政府供给。其中，市财政投资建设的停车泊位的停车费用全数纳入市财政，市城投集团投资建设的停车泊位的停车费用留给该集团，内街内巷所产生的停车费用则留给各区政府（广州市建投公司、广州德生咪表管理有限公司，2012）

2010年，广州市中心六区道路停车设施实行市场化的经营方式。主要以特许经营的方式将市政道路停车设施出让给企业经营，主管部门通过招标投标的方式确定企业资格，中标企业按照有关规定实行有偿化运营。在2012年3月完成招标后，广州市电子泊车管理有限公司主要负责经营越秀、荔湾、黄埔区市财政、市城投集团投资的道路停车泊位，广州市德生咪表管理有限公司（以下简称"德生公司"）主要负责经营天河区、海珠区、白云区市财政、市城投集团投资的道路停车泊位（廖妍，2016），内街内巷泊位则由各区政府自主经营。

随后在市场化实践中，中标企业出现为追逐利润而随意施划、多划停车泊位，无证经营、乱收费等现象，政府意图通过市场化提高停车泊位供给效率的特许经营效果不佳，引起广大市民的不满和部分人大代表、政协委员的关注。

为解决上述问题，2015 年，广州市出台《广州市停车场管理办法》，从三个方面加强市场化管理，分别是严格实施总量控制、将经营权下放至各区以及收回停车泊位划定权。

此后，广州市城市道路停车泊位经营开始出现回归科层化的趋势。2018 年，广州市交通委员会（以下简称"市交委"）开展中心城区城市道路停车泊位规划工作，出台了《广州市停车场条例》《广州市中心六区城市道路临时泊位设置规划》，并在 2018 年 10 月 1 日起正式实施。《广州市停车场条例》规定，市交委将逐渐接管并直接运营中心六区市政道路停车泊位，所收取的泊位使用费属于行政事业性收费，全额纳入市财政。中心六区的大部分停车泊位在 2018 年 10 月从市场化运营回归科层化供给。广州市中心六区城市道路停车泊位供给从市场化回归科层化的城市道路停车泊位经营制度变迁如表 2 所示。

表 2　广州市中心六区城市道路停车泊位经营制度变迁

时间	2012 年 3 月	2015 年 5 月	2018 年 10 月
经营权	完全市场化	部分科层化	科层化
管理权	市级政府	区级政府	市级政府

3. 广州市越秀区、天河区城市道路停车泊位供给现状

2018 年出台的《广州市停车场条例》规定，由市交委等部门根据停车场专项规划、城市道路交通状况和停车需求等情况编制越秀区和天河区道路停车泊位规划。结合两区规划内容和市交委公布的实时信息，笔者发现越秀区道路停车泊位数量大于天河区（见图 2）。在实地走访中，笔者发现越秀区北京路核心文化旅游区附近的城市道路停车量大，而在天河区珠江新城附近道路不曾有泊车，也印证了差异的存在。

11

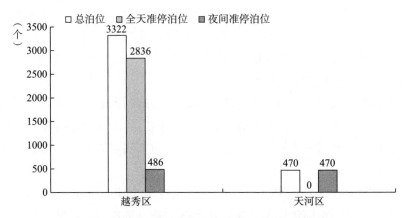

图 2　越秀区、天河区城市道路停车泊位供给情况

（二）案例分析

1. 制度视角

政府颁布的规章和规范（包括城市发展规划、交通政策等）为制度中的行为主体提供了行为准则和激励机制，二者的双重作用，推动了城市要素（资金、技术等）的相互流动和城市活动（商业、工业等）的区位竞租，从而导致土地利用方式和强度的差异，分化出不同功能区，由此政府产生差异化的政策取向，对各区的停车泊位供给产生影响。

（1）土地利用方式差异对城市道路停车泊位供给产生影响

通过调研，我们发现，制度对城市道路停车泊位供给的影响主要通过土地利用这一中介来实现。

在制度的双重作用下，不同功能和特性的土地共同组成城市生产力的分布和结构体系，在这一体系中，土地利用方式和强度的不同使经济等交往活动的性质和频繁程度也产生差异，由此产生较大差异的停车需求。也就是说，土地利用方式、规模、性质等决定了动态和静态交通的规模和特征，如停车需求和停车设施配备的大小和分布等。土地利用对城市道路停车泊位供给的影响主要体现在以下两个方面。

首先，道路用地情况和其他停车设施用地情况会影响城市道路停车泊位的供给。

通过对比《广州市天河分区规划》和《广州市越秀分区规划》中有关道路用地利用水平（见图3），我们可以发现越秀区道路用地强度明显高于天河区；且根据规划，越秀区道路路网中次干路、支路以及内街内巷占比大，而天河区多以快速路、主干路为主。由于城市道路停车泊位以道路资源为停车载体，根据《城市道路交通规划设计规范》（GB 50220—95），停车泊位不能设置在城市快速路、主干路上，而主要设置在次干路和支路上。因此，越秀区在可停放道路资源的供给上优于天河区。

此外，越秀区的社会停车场用地、交通设施用地以及对外交通用地在建设用地中的比例明显低于天河区，从侧面说明，越秀区其他停车设施（比如说地下停车场等）建设水平较低，停车场供给不足，需要使用道路闲散资源设置城市道路停车设施作为补充，以缓解城市停车压力。

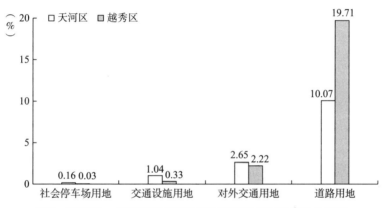

图3　越秀区、天河区道路用地情况和其他停车设施用地情况

其次，用地性质的不同对城市道路停车泊位供给要求程度不同。

对两区土地利用情况进行进一步梳理后，我们可以发现越秀区和天河区的土地利用存在功能、布局等方面的差异，越秀区在行政办公、商业金融、文化娱乐、医疗卫生等方面的用地占比均高于天河区，特别是在行政用地和商业金融用地方面（见图4）。

越秀区一方面作为广东省、广州市、越秀区三级政府所在地，因行政事务办理产生的短时停车需求大；另一方面作为广州的商业中心，辖区内商业功能区众多，形成包括北京路商业街在内的六大商业功能区，商业区较为分散，商贸活跃，人流客流量大，短时停泊需求量大，车辆停放率和停车周转率高。同时越秀区由于发展历史早，停车规划建设存在历史欠账，区域内商业建筑多为20世纪所建，建设时考虑不周，停车设施配建量不足，不得不增加路内停车泊位供给。

而天河区虽有天河城、太古汇等商业中心，但多集中于珠江新城一带，集聚度高，停车周转率较低；并且，天河区的建筑多建于21世纪，以商业和办公类建筑为主，停车设施配建量大多能满足需求，此类停车场规模较大，临时性停车泊位需求可通过建筑配建的停车设施满足。

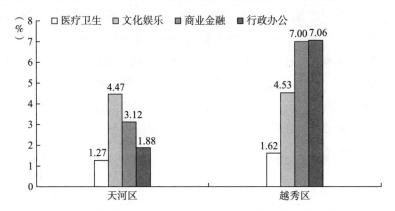

图4　越秀区、天河区几类用地在区建设用地中的比例

　　实地随机问卷调查结果显示，业务办公、餐饮娱乐和接送行为具有短时性、要求便利程度高、步行路程短等特点，构成城市道路停车泊位需求的主要来源。越秀区由于行政业务办理需求大、商贸发达、医疗机构众多产生接送行为，催生了大量停车需求，影响道路停车泊位的供给。可见，越秀区和天河区城市道路停车泊位供给差异与两区不同的用地性质有关。

　　（2）政策取向差异对城市道路停车泊位供给产生影响

　　土地利用的布局、规模等通过推动不同功能定位区的形成，影响政府的政策取向，间接影响城市道路停车泊位供给。城市道路停车泊位供给与政府的城市发展政策取向之间存在互动关系。

　　越秀区虽然存在通过控制停车泊位供给总量抑制小汽车使用以达到治堵的要求，但在调研中，我们发现越秀区撤销停车泊位的区域多在东湖路、宝安约街等居民聚集的街道，新增停车泊位区域集中在万福路、惠福西路、沿江路等商贸旅游较为发达的路段。也就是说，越秀区以减少居民类停车泊位供给、增加商贸旅游类临时性停车泊位的方式来实现停车泊位供给与动态交通的协调。这种政策取向与越秀区的政策规划有关，"城市核心、文教名区、总部基地、千年商都、宜居城区"现代化中心城区的规划，要求越秀区鼓励商贸旅游发展，创造良好的商业环境、活跃的商业气氛。这种发展政策取向将会产生临时性停车需求，因此需要一定数量的城市道路停车泊位供给。

天河区在发展之初，注重空间功能划分，通过顶层规划，统一协调区内各个区域发展。相较于越秀区，天河区形成规整程度高、各类配建设施齐全的功能区布局特点，并结合不同性质的用地对动态交通出行的差异化要求，合理地布局停车泊位，如要求各类建筑均需配置相应容量的停车设施等，积极引导地区静态交通和动态交通有序发展。一方面，这与天河区抑制小汽车使用的政策导向对停车需求总量产生约束有关；另一方面，也与天河区作为三大国家级 CBD 之一所在地的城市定位有关，过量的城市道路停车泊位既妨碍动态交通，又影响区域风景，不符合天河区 CBD 全方位提升发展质量的要求。因此，天河区城市道路停车泊位供给数量少。

2. 结构视角

在结构视角层面，国家居于主导地位的特征使得从社会集中起来的资源在不同层级部门间流动，随着资源流动的还有目标设定权、决策权等权力在不同层级部门间进行分配，催生多头管理的现象，对泊位供给产生影响；同时，不同层级的职能部门面临不同的约束、目标和激励，在政策选择上存在不同的偏好，多方参与导致差异化的制度安排。

（1）多头管理影响城市道路停车泊位供给制度安排改变的空间

在 2018 年以前，广州市中心六区城市道路停车泊位供给权和经营权分离，呈现不同的制度安排。中心六区市政道路停车泊位由市财政、城投集团投资供给，内街内巷停车泊位则由各区政府供给。在经营权上，各区安排同样不同，广州市电子泊车管理有限公司主要经营越秀、荔湾、黄埔区的市财政、市城投集团投资的道路车位，德生公司经营天河、海珠、白云区市财政、市城投集团投资的道路车位，内街内巷停车泊位则由各区政府自主经营（见图 5）。

由此可知，越秀区和天河区的城市道路停车泊位供给和经营在 2018 年以前呈现多头管理、多方负责的特点。在"政府外包"逐渐降温的大背景下，国家回归的呼声愈加高涨，2018 年后由市场化经营走向科层化供给，并通过以下两种方式对城市道路停车泊位制度产生影响。

首先，在存在"路径依赖"的背景下，科层化供给并非一蹴而就，更重要的是对制度安排实践进行适用（North，1990）。由于既往停车泊位的多头管理，各区市场化经营的合同安排具有差异，至 2018 年 10 月新规划实施之时，中心六区尚有 97 条经营合同未到期的临时停车设施路段，由原经营单位继续经营收费，待合同期满后逐步移交市交通部门管理，其中 56

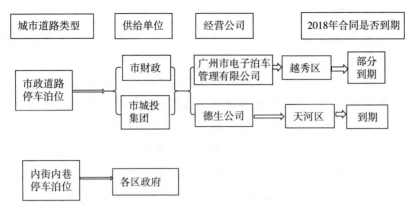

图5　越秀区、天河区城市道路停车泊位差异

条路段属于越秀区，天河区已全部完成移交。

由于合同未到期，市交通部门无法对越秀区56条路段的泊位进行重新编制管理，只能暂时保留其停车泊位；而天河区全部路段的市场化运营皆到期，整体移交至政府，由市交委依据各区实际重新编制泊位供给规划，最终考虑到天河区的发展实际，整体撤销全天准停泊位。

其次，不同层级政府在公共决策过程中的资源配置能力具有差异。在本案例中，城市道路停车泊位设置涉及因素众多，牵涉众多职能部门的权责划分问题，市交委、市公安机关交通管理部门、市物价局、市城市道路路政管理部门及区相关部门和街道均有权参与停车泊位规划的编制。

以市交委为主的市一级政府部门在合法性资源方面占优势，因此其在目标设定方面有较大影响力；区一级政府在信息方面占有优势，因此其在决策方面有较大影响力。出于全市统一规划的考量，市一级政府站在全市高度，统筹各区城市道路停车泊位安排；而区一级政府更加重视各区的功能定位，越秀区和天河区分别承担着行政、经济的功能，行政功能产生的短时停车需求大，经济功能则要求道路通行能力强以便城市要素顺畅流动，这种权力配置和利益认知的不同，催生了差异化的道路停车泊位供给制度安排。

（2）多方参与为各区城市停车泊位供给提供制度安排选择的空间

尽管回归科层化后，广州市交通行政主管部门为广州市城市道路停车泊位供给编制权力的所有者，可以在职能范围内，根据城市道路交通状况和泊位供需等情况，决定停车泊位的供给方式，但其他主体也会在职责范围内参与制度安排，在这个过程中，区政府及交通主管部门的政策，也会产生差异化的偏好，从而影响城市道路停车设施的安排。

其一，正如前文所述，各区内街内巷的停车泊位供给和经营一直由各区政府自主安排，各区政府及区交通主管部门具有很大的话语权，这部分的停车泊位供给需要市交委和各区政府商讨决定，区政府出于财政收入、区域发展等的考虑，对停车泊位的裁撤和增加比较谨慎。

其二，城市道路停车泊位的供给是服务于城市发展的，各区政府及相关部门对区域发展的目标偏好，是影响停车泊位供给的最大因素。越秀区着力发展商贸经济，要求设置一定数量的临时性停车泊位满足商贸车流需求；而天河区作为国家级中央商务区，更多考量城市人流物流的通行效率、城市形象提升等，因此倾向于以公共停车场、建筑配建停车设施等为主而减少城市道路临时停车泊位的供给。

其三，各区政府面临的约束不同。越秀区聚集了省市区三级相关职能部门及属地街道办事处等行政事业单位，这些单位建筑老旧，相关配建停车设施不完善，对城市停车泊位需求较大，各参与城市道路停车泊位供给规划编制的单位也会依据本部门停车的需求进行合理意见表达。

七 结论与讨论

城市道路停车泊位能满足在制度推动下的城市要素和城市活动衍生出来的人和货物的空间移动后的临时性停留的需求，其设置受政府权力结构的影响，反映了城市交通的静态情况。

在快速城镇化的背景下，我国道路交通问题日益严峻，存在路段交通混乱、道路条件差异大、车辆庞杂等问题。这对城市道路停车泊位设施的供给造成了挑战。因此本文依据文献和实地走访得到的资料，从制度逻辑和结构逻辑两个方面深入分析了越秀区、天河区道路停车泊位供给差异的深层原因。调查发现，土地利用不规范、土地利用状况变化快以及政府权力结构制约下多头管理的问题是影响城市道路停车泊位供给的重要因素。

本文还存在一些不足之处。地方城市道路停车泊位的供给安排涉及方方面面，需要更加翔实的资料数据，但是由于相关资料难以获取而未加探索。此外，城市道路停车泊位的供给是一个复杂的过程，本研究只对最后呈现的结果进行比较，对于两区政府内部决策过程探讨不足。

以上对公共治理制度安排差异原因的探讨可以为实现城市道路停车泊

位供给与动态交通的协调发展提供以下借鉴和启示。

首先，城市道路停车泊位供给的制度安排应注重空间功能发挥，强化分区概念。地区内的停车泊位供给需要结合城市土地利用需要。基于土地功能差异对各地城市道路停车泊位进行具体的分析，细化停车泊位的布局，推动城市静态交通和动态交通协调发展，从而发挥地区不同空间的功能，引导地区发展。

其次，城市道路停车泊位供给的政策取向应注重总量协调目标，取得支持发展与小汽车减量之间的平衡。城市核心区域存在抑制小汽车使用以达到"治堵"、优化环境的倾向，但此过程，应当是渐进的，同时应注重总量协调的平衡。在调研中，天河区部分车主反映路边全天准泊车位的全部撤销几乎是一夜之间的事，没有一个过渡期。越秀区东湖路居民反映说居民点附近停车泊位的减少在一定程度上影响了其出行效率。道路停车泊位解决的是机动车出行两端的问题，应根据动态交通的现状、地区产业的布局等渐进有序地确定停车泊位供给总量，既要符合机动车使用总量控制的政策取向，又要满足因地区发展催生的合理需求的增长。

再次，应理清城市道路停车泊位供给管理体制，明确各主体的职能范围，避免职责的交叉和重合；同时应注重民众参与，吸取各地居民意见。过去广州市停车泊位管理失序，各部门存在职责交叉、重叠、越权等现象，且权力过于集中于某些部门，不利于科学合理地编制停车泊位规划。可喜的是，在 2018 年回归科层化后，广州市明确了各职能部门的职责范围，并且在供给道路停车泊位前，向利益相关者（如居民、企业经营者）等征求意见，这是决策向社会开放的一点尝试。

最后，需要强调的是，制度环境和结构永远是理解公共治理制度安排地区间差异的重要因素，政府是公用事业供给的最终决策者和责任人，在公共服务的供给中，政府必须从一开始就谨慎负责。

参考文献

［1］北京市人大常委会，2018，《北京市机动车停车条例》。

［2］陈玲，2014，《有限理性、公共问责与风险分配：台湾高铁市场化的失败与启示》，《武汉大学学报》（哲学社会科学版）第 2 期。

［3］陈家建、边慧敏、邓湘树，2013，《科层结构与政策执行》，《社会学研究》第

6 期。

［4］丁晨滋、金安，2016，《广州市历史城区停车系统改善策略研究》，《2016 年中国城市交通规划年会论文集》。

［5］阿利森，格雷厄姆、泽利科，菲利普，2008，《决策的本质：解释古巴导弹危机》，北京大学出版社。

［6］广州市建投公司、广州德生咪表管理有限公司，2012，《广州中心城区道路停车泊位经营权出让合同》。

［7］广州市交通运输局，2018，《广州市中心六区城市道路临时泊位设置规划》。

［8］何艳玲，2008，《城市的政治逻辑：国外城市权力结构研究述评》，《中山大学学报》（社会科学版）第 5 期。

［9］来知德集注，2013，《周易》，胡真校点，上海古籍出版社。

［10］李文钊、蔡长昆，2012，《政治制度结构、社会资本与公共治理制度选择》，《管理世界》第 8 期。

［11］廖妍，2016，《广州市城市道路路内停车泊位管理相关问题研究》，《法制博览》第 5 期。

［12］梅振宇，2006，《城市路内停车设施设置优化方法研究》，东南大学博士学位论文。

［13］秦虹，2007，《城市公用事业市场化融资概论》，中国社会科学出版社。

［14］上海市交通委，2017，《上海市静态交通行业发展"十三五"规划》。

［15］深圳市发展和改革委员会，2018，《深圳市停车设施建设专项规划（2018—2020 年）》。

［16］香港布政司署运输科，1990，《香港运输政策白皮书——迈向 21 世纪》。

［17］徐瑞，2019，《城市停车设施供给存在的问题及对策研究》，中共浙江省委党校硕士学位论文。

［18］张国庆、赵亚翔，2013，《管理结构失衡与制度安排缺失——中国治理"假冒伪劣"问题的制度范式思考》，《学术研究》第 5 期。

［19］周雪光，2017，《中国国家治理的制度逻辑：一个组织学研究》，生活·读书·新知三联书店。

［20］Dahl, Robert A., 1961, "The Behavioral Approach in Political Science: Epitaph for a Monument to a Successful Protest," *American Political Science Review* 55 (4): 763 – 772.

［21］Eggertsson, Thrainn, 1993, "The Economics of Institutions: Avoiding the Open-field Syndrome and the Perils of Path Dependence," *Acta Sociologica* 36 (2): 223 – 237.

［22］Hall, Peter A., Taylor, Rosemary C. R., 1996, "Political Science and the Three New Institutionalisms," *Political Studies* 44 (5): 936 – 957.

［23］Knoke, D., 1990, "Social Institutions: Their Emergence, Maintenance, and Effects,"

Social Forces 70 （1）：244 – 246.

[24] Hunter, M. S., Keller, F., Robinson, D. L., 1953, "Structural Features of Oxide Coatings on Aluminum," *Journal of the Electrochemical Society* 100 （9）：411.

[25] Molotch, Harvey, 1976, "The City as a Growth Machine：Toward a Political Economy of Place," *American Journal of Sociology* 82 （2）：309 – 332.

[26] Nee, Victor, 2000, "The Role of the State in Making a Market Economy," *Journal of Institutional and Theoretical Economics* （*JITE*） 3 （2）：64 – 88.

[27] North, D. C., 1990, "A Transaction Cost Theory of Politics," *Journal of Theoretical Politics* 2 （4）：355 – 367.

[28] Ostrom, V., Ostrom, E., 1977, "Public Goods and Public Choices," in *Alternatives for Delivering Public Services*, edited by Savas, E. S., Routledge, pp. 6 – 49.

[29] Scott, W. Richard., 1995, *Institutions and Organizations*, Sage.

[30] Stone, A., Levy, B., Paredes, R. D., 1992, "Public Institutions and Private Transactions：The Legal and Regulatory Environment for Business Transactions in Brazil and Chile," *Policy Research Working Papers* 23 （2）：891.

✦ 后 记

万事开头难，写作亦是如此。

如何寻找一个好的问题，是写作伊始便面临的一大难题。

当时着手准备"城市公用事业管理"这门课程的论文时，迟迟定不下写作方向。虽说城市公用事业涉及范围颇为广阔，但我两周内翻阅了大量文献资料，却一直提不出一个有新意、有价值的问题，也曾想草草了事，随意寻个问题写篇文章交付便罢，当真十分焦灼。

事情的转机发生在一个周六的下午，面对迟迟未动笔的论文，实在焦虑，便想着出校转转，换个环境放松心情。于是，我从番禺区坐地铁到天河区再到越秀区，逛了天河城购物中心，也走了越秀区老街。就在狭窄且停满车辆的惠福西路内街里，我差点撞上迎面驶来的小电动车，就在惊魂未定之时，突然想起天河区道路空旷，极少在路边看到停放的汽车，与眼前的景象形成了鲜明对比，于是就产生探究为何天河区与越秀区路边停车泊位存在差异的想法，问题就如此产生了。

所谓"知之真切笃行处即是行"，问题大多需要在实践中发现，也需要通过文献数据等来证实。回校之后，我迫不及待地寻找了大量相关文献，发现天河区和越秀区的道路停车泊位确实存在差异，便提出本文的研究问题：为何作为旧城区的越秀区，城市道路停车泊位供给数量远远大于作为广州市经济中心的天河区？

"问题是文章的引擎，问题意识决定了写作的靶心"，在问题的引导下，我开始阅读相关资料、搜寻数据、构思理论解释框架，最终呈现以上成果。

此次创作，在我看来，是一次与现实世界对话的过程，城市公用事业其实就在我们身边，涉及我们生活的方方面面，如何在真实世界发现有意义的问题，是我们认识世界的第一步。在发现问题后，尽自己最大努力，去探索去回答这个问题，是我们与这个世界对话的过程，即使最后自己略为粗浅的回答可能并不能有助于该问题的解决，但终究是从自己的角度完成了一次"片面而又深刻"的认识世界之旅。希望自己能永怀此心，不断提出问题、解决问题，去认识世界、与世界对话。

最后感谢陈琤老师在本文选题、写作过程中给予的意见和指导，在此，谨向老师表示诚挚的谢意。

城市治理视角下的轨道交通发展

——以广州地铁 18 号线的规划建设为例

刘　璇*

摘　要：轨道交通是城市运行不可或缺的一部分。本文首先从治理主体、治理方式、城市政府与中央政府的关系、城市政府与同层级城市政府的关系四个维度介绍了城市治理研究的主要观点；然后梳理了广州地铁这一公用事业的发展背景和现状；接着结合城市治理理论，分析在广州地铁18 号线规划和建设历程中多个权力主体的互动和博弈；最后指出，城市政府要构建多主体平等进入、协商参与城市治理决策的制度化渠道，从而实现多元主体合作共治的蓝图。

关键词：城市治理　公用事业　轨道交通　广州　地铁

一　问题的提出

近年来，国家持续加大对基础设施建设的投入，不少地方政府将城市轨道交通建设作为城市基础设施建设的战略性任务，依托城市轨道交通建设带动城市经济发展。截至 2021 年初，全国共有 33 个城市开通了地铁，44 个城市地铁规划获批，在建线路、运营线路均接近 7000 公里。随着"十四五"规划的出台，城市轨道交通建设将迎来一个新高峰。轨道交通是城市的"动脉"，源源不断地为城市正常运转提供能量。本文主要研究在城市治理过程中多个权力主体的互动过程是怎么样的，如何作用于城市轨道交通发展，这对改进城市治理方式和提升城市公共服务供给水平具有

---

* 刘璇，中山大学政治与公共事务管理学院行政管理专业 2021 届学士，中山大学政治与公共事务管理学院公共管理专业 2021 级硕士研究生。

较强的现实指导意义。

二 概念界定

（一）城市治理

城市治理的定义有广义和狭义之分。从广义上看，城市治理即政府处理城市公共事务的全过程，包括但不限于政治权力的归属、运用权力的方式、城市中各行动主体的关系、城市政府与外部权力主体（如国家政府、其他城市政府）的关系等，最终目的在于实现城市的"善治"（姚尚建，2014）。从狭义上看，城市治理理论则更多强调多元主体的合作共治。与"城市管理"认为城市政府掌握绝对主导权、处于支配地位不同，在城市治理语境下，政府只是多元主体中的一个，与公民、市场等其他行动主体是平等关系，治理的方式是温和合作而非暴力对抗，在多元主体中通过协商寻求利益平衡点。

本文采取广义城市治理的定义，除了包含对多元主体合作共治的探讨，也尝试从权力的归属、运用等角度对城市治理实践进行溯源式分析。

（二）城市轨道交通

公用事业是由公共部门提供并运营、面向社会公众的公共产品（秦虹，2007）。在现代都市中，城市轨道交通发挥着为居民出行提供服务的作用，是公用事业的一种重要形式。

三 文献综述

（一）文献回顾

1. 治理主体

城市治理研究产生于对治理权力归属的争辩，也可以说"谁是城市治理的主体"，对这个问题的不同看法形成了精英主义和多元主义的分化（杨勇、王彩波，2013），而后又发展出城市增长联盟理论。

精英主义认为权力是集中的，且掌握在少数精英手中，并不是由人数众多的社会公众来共同支配，掌握城市治理权力的少数精英通过政策来表达他们的意志（王佃利，2006）。精英主义主张社会分层，少数精英掌握绝大多数决策权力，他们通过自身声望、社会地位等"无形之手"影响城市政府的决策权，垄断城市的政治活动，大多数时候政府的政策是在维护精英而非公众的利益（王玉龙，2016）。

多元主义对精英主义提出许多质疑和批判。首先，多元主义认为权力是分散的，不是单一的、少数精英垄断决策权，而是不同领域的精英分别主导着城市生活的不同领域，他们分别在各自领域形成了权力中心；其次，多元主义承认精英的存在，但单一精英团体无法对决策权力形成垄断，政府官员乃至社会公众也享有一定的决策权；最后，精英能够掌握权力并非完全来源于社会声望，财富、职位和对媒体的控制能力都是一种资源（王玉龙，2016）。

增长联盟理论是对精英论的发展，增长联盟理论同样认为是少数精英掌握着城市治理权，但增长联盟理论致力于进一步探究，是什么原因促使这群精英形成了相同的利益（何艳玲，2008）。研究发现，最重要的原因是经济层面的利益，经济利益推动了利益集团、公共部门领导者、土地开发商、地方媒体等关键行动者增长联盟的形成。正如增长联盟理论的代表人物莫洛奇所说，"城市就是一部增长机器"（洛根、莫洛奇，2016），政府官员的动机是发展地方经济，拥有资本和财富的经济精英则致力于让资本不断壮大，多方主体都有着发展经济的利益诉求，只要找到利益的交叉点和平衡点，政治精英和经济精英组成联盟就是一件水到渠成的事。

2. 治理方式

随着城市化的发展，环境污染、交通拥堵等现实问题不断涌现，仅仅探讨"谁应该在城市中掌握治理权"已无法为这些现象提供有力解释，因此从20世纪80年代起，"如何治理"越来越成为学术界共同关注的主题，学者们更多转向对治理方式的探讨。

传统城市治理模式强调政府的主导作用。尽管城市治理的具体情境会因时间、地点、政策法规、社会规范等千差万别，但传统模式无一例外都认为政府可以妥善处理这些问题，甚至认为科层制政府因其清晰的组织结构可以极大地提升治理效率。在传统模式下，政府在城市治理政治场域中始终处于主导地位，市场、社会公众、私人部门、第三方机构等其他行动主体是被管理的对象，无法参与到城市治理的决策层面。这种模式存在许多问题，随着城市分工细化和民主理念深入人心，仅凭政府力量难以应对日益复杂的公共事务，而且在治理理念上也越来越注重保障公众权益，城市治理逐渐转向多元主体合作共治。

多元合作共治模式即社会公众、市场、社会组织等主体通过协商机制广泛参与城市公共事务的决策，以满足多样化的城市发展需求。在中国城市治理的实践中，政府的角色逐渐由"管理者"转变成"服务者"，从"大政府"变为"小政府"（叶林等，2018），政府不再控制着每一项具体政策细则的制定，而更多致力于为多元主体提供协商平台，找到多方的利益平衡点。

3. 城市政府与中央政府的关系

相较于西方城市治理研究丰富的成果，我国城市治理研究相对分散，而且中国城市治理议题有自身的特殊性。不同于西方国家，中国城市的产生并非源于单纯的人口规模膨胀，而是人口、经济、政治、历史、区位等因素复合作用的结果。尤其在政治因素的主导作用下，中国城市的行政级别形成了世界范围内独有的五级制：直辖市、副省级城市、地级市、副地级市、县级市（赖华东，2013）。正是因为这一行政级别特征，中国的城市在纵向（上下级）与横向（社会）关系的互动中更易受纵向关系的影响。

城市治理是城市中各种行动主体相互博弈的过程，行动主体可分为国家行动者、市场行动者、社会行动者三类。国家行动者分为中央政府和城市政府，在中央集权国家，中央政府极大影响着城市治理采用的方式，不过中央政府并不是城市治理中最直接的权力主体，而是通过调整与城市政府的关系间接作用于城市治理过程；在城市治理的实践中，城市政府可以利用自身资源影响甚至改变其他行动者。城市治理中的市场行动者实际上主要是指能对城市决策产生重要影响的城市经济精英，比如金融银行、大型企业等，这些经济主体在经济发展中发挥着重要作用。社会行动者也是多元化的，可以分为非营利组织、社区自治组织和市民。各个行动主体要想对城市治理产生影响，都必须与政府发生联系。政府出于自身利益，也寻求中央与地方关系的动态平衡，在这个变化过程中，治理权更多倾斜、下放至城市政府（朴寅星，1997）。

4. 城市政府与同层级城市政府的关系

随着经济全球化、区域一体化的发展，地区之间的联系日益紧密，跨行政区划的合作和治理需求越发强烈。外部权力主体除了中央政府，还包括同一行政层级的其他城市政府。地区的经济发展和社会进步离不开跨地区的互补与合作，但不同行政辖区之间的政策应该如何协商、制定及落实？"政治割据"是不同行政辖区之间决策权的分配（张玥，2018），是政府机构的一个关键特征，这是因为属于不同行政辖区的政治行为体在利益、议程和优先权等方面的差异日益显著。"政治割据"的作用就像一个过滤器，可能会阻碍政策过程，如果一个政策发生在单一行政辖区内，就更容易被执行；如果跨不同的辖区，则较难被执行。为了更好地避免"政治割据"问题，需要建立跨域治理机构，协调好同一行政层级不同政治权力主体之间的横向关系。

（二）文献述评

目前关于城市治理理论的文献大多停留在规范研究方面，即应然层面，缺少运用城市治理理论分析解释城市现象的实证研究。探讨"治理主体"的精英主义、多元主义和增长联盟理论基本都是对自身观点的论述或与其他流派的争辩与对话，是高度抽象化的；从"治理方式"上看，从政府主导到多元合作共治是一种范式转变，对某个具体事项中多个主体如何协商、博弈的过程缺乏细致深入的探讨；而城市政府与中央政府、其他权力主体的互动关系大多是从组织学视角分析各权力主体间的行为机制，较为宏观。

因此，本文以城市轨道交通这一公用事业为例，选取广州地铁 18 号线作为研究对象，运用城市治理理论解释在城市发展各环节中政府、公民、市场等多个主体的互动关系，探讨中国情境下城市治理地方实践背后的权力逻辑。

四 理论基础与分析框架

（一）理论基础

本文把多元合作共治理论作为分析的基础，将多元行动主体分为国家行动者、市场行动者、社会行动者三类。其中，国家行动者由中央政府和地方城市政府组成，城市政府是城市治理的主体，既和上级中央政府有纵向的关系，又与同级城市政府产生合作或竞争关系；市场行动者主要是以开发商为主体的企业，它们是城市轨道交通的实际建设者；社会行动者是公民，作为城市的主人，他们既是纳税人也是城市轨道交通的受益者。

多元主体通过协商机制广泛参与城市公共事务的决策，多样化的城市发展需求得到表达。

（二）分析框架

权力结构对城市治理的影响的解释框架如图 1 所示。

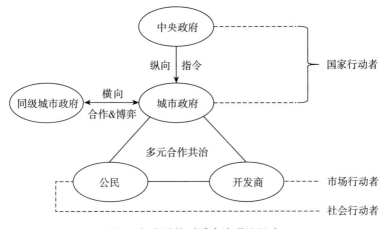

图 1　权力结构对城市治理的影响

五　研究方法

本文采用个案研究方法，以广州地铁 18 号线作为典型案例，探讨城市治理对公用事业的具体影响，将社会现实案例与学术研究有机结合起来。选择广州地铁 18 号线作为案例主要基于以下考虑：首先，地铁作为城市轨道交通的重要表现形式，在空间上可以非常直观地体现出城市轨道交通的变化趋势，而且近年来许多城市纷纷修建地铁，其具有很强的代表性；其次，在地理位置、历史、政策等多个因素影响下，目前广州地铁网络密度达到国内领先水平，将刚刚投入使用的广州地铁 18 号线作为研究案例能够较为突出地体现公用事业的发展状况。

本文主要通过访谈法和文献收集方法获得案例材料和数据。通过图书馆、数据库、新闻媒体等渠道，界定和构建城市治理理论的科学内涵及主要脉络，整理关于广州市轨道交通已有的学术研究、新闻报道、政策文件等文献资料，了解广州地铁的建设背景及发展历程，从而获得对调研对象的整体认识，为深入分析城市权力结构对轨道交通发展的影响机制奠定基础。依托"城市公用事业发展"课程中的实地考察和座谈机会，获得广州地铁 18 号线建设的基本信息，了解地铁建设初期面临的拆迁等问题，尤其是拆迁过程中政府、地铁建设方和居民之间的互动与协调。

六 案例分析

（一）案例介绍

1. 国内轨道交通的发展情况

有轨电车是我国最早出现的城市轨道交通工具，但有轨电车存在速度慢、噪音大、阻碍市政建设等缺点，后来，地铁取而代之，成为大运量轨道交通工具的代表。北京是我国最早建设地铁的城市，1981 年北京地铁 1 号线正式对外开放运行；20 世纪 90 年代，上海、广州、深圳、大连相继开始建设城市轨道交通；进入 21 世纪后，随着经济的飞速发展和城市化进程的加快，城市轨道交通进入蓬勃发展时期，截至 2020 年底，全国已经有 44 座城市开通了地铁，其他城市修建地铁的呼声也十分强烈。

2. 广州地铁的建设历程

1992 年 12 月 28 日，广州市地下铁道总公司成立，两个月后正式开始了广州地铁的建设工作。从起步上来看，和世界发达城市相比，广州地铁起步非常晚，在国内也并不是先锋，但却以先进的技术后来居上。广州地铁至今短短 30 年的时间，已具有相当规模，地铁发展和城市经济发展、人口增长相适应，为广州城市发展做好了"后勤保障"工作。根据《广州市城市轨道交通第三期建设规划（2017—2023 年）》，广州将新建地铁 18 号线、22 号线、3 号线东延段等十余个项目，共计 258.1 公里。到 2023 年，广州地铁将累计开通 800 公里，在里程长度和站点密度上都接近世界先进水平。

3. 广州地铁 18 号线

18 号线从万顷沙起至广州东站止，全长 62.7 公里，包含 9 站 8 区间 1 段 1 场，是全国第一条时速高达 160 公里的快速城市轨道线，虽然目前仅是广州市内的一条线路，不过这条线路将来有联通中山、珠海、清远三市的规划，兼具"市域"和"城际"功能，或成大湾区最长地铁线路。

在 2015 年 11 月发布的《广州新一轮轨道交通（2015—2025）建设规

划方案图》中，地铁 18 号线的起止点是万顷沙站和广州东站。2015 年 12 月，广州市第十四届人民代表大会常务委员会提出，七年后从南沙到广州东站仅需要 30 分钟。2017 年 3 月，国家发改委正式批准广州地铁 18 号线项目，并且提到广州地铁 18 号线计划将采用市域快线的模式，运行时速最高可达 160 公里，以实现 30 分钟从天河到达南沙的目标。整个项目分两段开通，首段为万顷沙至冼村段，开通时间为 2020 年 12 月 28 日，冼村至广州东站段开通时间为 2022 年 12 月 28 日。

广州地铁 18 号线的定位是南北向快线。一方面连接广州市中心城区与南沙副中心，为南沙自贸区发展提供快速轨道交通支持；另一方面连接市中心城区线网，增强广州东站的综合交通枢纽功能，缓解南北走向客流主动脉 3 号线的客流压力，在多个方面发挥作用。

（二）案例分析

1. 治理主体

对于建不建地铁 18 号线这个问题，公共部门和第三部门的领导者、土地开发商与房地产商、市民、地方媒体等各方行动者的反应一致：当然要建。正如增长联盟理论代表人物莫洛奇所说，"城市的本质在于增长"。修建地铁 18 号线可以提升地方政府官员的政绩，土地增值、房价上升后房地产商可以从中获利，出行便利对于周边居民更是重大利好，显然，在修建 18 号线这件事情上各方行动者达成一致的目标——发展。

2. 治理方式

纵观近年来中国城市执法的实践可以发现，治理方式正由单一的政府主导模式向多元主体模式转变。以拆迁问题为例，地铁 18 号线的琶洲西区站（磨碟沙站）位于海珠区，经济发达，周围有很多老旧小区，拆迁补偿费极高，政府和开发商想尽办法但还是无法与居民就拆迁补偿问题达成一致。截至实地调研时，地铁站已动工几个月，然而与施工现场仅一墙之隔处仍有几栋居民楼未搬迁未推倒，通过访谈了解到施工公司还要经常帮助"钉子户"解决电器维修问题，做好绿化及防尘工作，专门修建一条小路保障他们的日常出行，最大限度地降低地铁施工给居民生活带来的不便。

城市在发展，政府治理理念、治理方式也在进步，过去那种靠暴力强拆的执法方式已不被允许，而是采取更为平等、人性化的方式。政府意志已不再具有绝对的支配权力，需要与其他主体进行协商，尊重居民的意愿。

但同时也应该看到，尽管政府主导模式有了变化，但这个案例中居民参与的方式与学者们构想的"合作共治"蓝图还存在较大差距。虽然居民的意见被纳入考量范围，但他们依然是以对抗的方式、弱势的处境与政府互动，而且他们的意见只能在政策执行的末端体现，缺乏以平等姿态进入决策环节的制度化渠道。

3. 城市政府与国家政府的关系

18 号线路应该怎样规划，站点又应该如何设计？在这些具体问题上各个利益集团的分歧开始显现。广州市政府希望地铁线路尽可能平直、站点尽可能少，最理想的情况是从万顷沙直接抵达广州东站，中间不设任何站点，最大限度地缩短运营时间，提高与大湾区其他城市的交通效率；而处于南沙至广州东站之间的居民和地产商则希望尽可能多地设置地铁站，方便出行，推动土地增值；不能直接从 18 号线受益的广州市民作为纳税人，希望少设站点以减少公共财政的负担。

地铁 18 号线最终敲定的站点是：万顷沙—横沥—番禺广场—南村万博—沙溪—龙潭—磨碟沙—冼村—广州东站。在确定地铁站的过程中，几易其稿：取消大岗站、榄核站后附近居民强烈抗议并大规模上访；沙溪站在设立和撤销中多次反复，每一个细微改动的背后，都是城市中权力与权利的博弈。要确保列车行进速度，车站设置不能过于密集，为了兼顾速度与市民出行便捷，线路上绝大部分站点都是换乘站，让客流可以在地铁线网中快速集散。最终，在严守国家发改委"30 分钟"红线的要求下最大限度地满足了市民的出行需求。

4. 城市政府与同层级城市政府的关系

还有一个值得思考的现象是同行政层级政府之间的各自为政。如同社会中的各个行动者一样，各区都有自己的利益诉求，希望地铁站尽可能多地落在自己的行政辖区内。广州地铁 18 号线自南向北依次穿过了南沙、番禺、海珠、天河四个区，其中海珠区有三个站，其他区都是两个站。乍一看似乎还算公平，但是要知道 18 号线在南沙区和番禺区内的长度远远高于海珠区和天河区，而站点却更少，横沥至番禺广场站的距离高达 26 公里。说明在这场博弈中经济较为发达的海珠区和天河区更胜一筹。

党的十九大报告指出，要建立更加有效的区域协调发展新机制，地方政府间达成横向协调与合作，对实现区域治理和城市自身发展至关重要。

七 结论与讨论

尽管城市治理理论在争辩中有了长足发展，但中国情境下的城市管理实践依然保有浓厚的政府主导色彩，市场行动者、社会行动者的参与程度、所处地位与多主体合作共治的理想蓝图还存在较大差距。这需要政府构建多方主体参与城市治理决策的制度化渠道，市场、社会公众、第三方组织都有表达意见、平等参与的实现机制，让城市发展能够反映多方利益诉求，更有活力。

城市政府在发展轨道交通的过程中，既要有整体观和大局意识，从纵向上响应中央政府的战略部署，及时调整城市公用事业的空间分布，又要在横向上与同一行政层级的其他城市政府充分沟通实现共赢，高效对接外部资源，避免浪费土地的现象发生。轨道交通的规划和布局要充分反映城市各权力主体的利益诉求，尽可能让多元共治的环节前移，在决策阶段让多元主体主动参与而非在执行阶段被动抗争，以寻找经济效益最大化和市民出行便捷化的平衡点，赋予城市治理以温度，实现以人为核心的新型城镇化。

参考文献

[1] 国家发展改革委，2017，《广州市城市轨道交通第三期建设规划（2017～2023年)》。

[2] 何艳玲，2008，《城市的政治逻辑：国外城市权力结构研究述评》，《中山大学学报》第5期。

[3] 赖华东，2013，《城市经济发展评价指标体系研究》，《现代产业经济》第9期。

[4] 朴寅星，1997，《西方城市理论的发展和主要课题》，《城市问题》第1期。

[5] 秦虹，2007，《城市公用事业市场化融资概论》，中国社会科学出版社。

[6] 秦应兵、杜文，2000，《城市轨道交通对城市结构的影响因素分析》，《西南交通大学学报》第3期。

[7] 王佃利，2006，《城市管理转型与城市治理分析框架》，《中国行政管理》第12期。

[8] 王玉龙，2016，《城市权力重构：美国城市政治理论演变的逻辑》，山东大学硕士学位论文。

[9] 王玉龙，2018，《城市转型发展中空间善治的内涵与实现路径探析》，《东岳论丛》第7期。

[10] 杨勇、王彩波，2013，《西方城市政治学的兴起与发展、局限与启示》，《政治学研究》第3期。

[11] 姚尚建，2014，《城市权力的逻辑展开》，《学习与实践》第4期。

[12] 叶林、宋星洲、邓利芳，2018，《从管理到服务：我国城市治理的转型逻辑及发展趋势》，《天津社会科学》第6期。

[13] 洛根，约翰·R.、莫洛奇，哈维·L.，2016，《都市财富：空间的政治经济学》，陈那波等译，格致出版社、上海人民出版社。

[14] 张玥，2018，《城市碎片：北京、芝加哥、巴黎城市保护中的政治》，北京大学出版社。

✦ 后 记

本文的写作初衷源于"城市公用事业发展"这门课程。感谢陈玮老师的帮助，让我有了前往广州地铁18号线琶洲西区地铁站（磨碟沙站）施工现场实地调研、与项目负责人进行访谈交流的机会，了解到地铁/轨道交通这一城市公用事业从规划、协调到建设各个环节是如何运作的，直观地感受到城市公共服务发展中的"中国速度"，收获了许多在课堂上无法体会到的城市治理细节。

例如，之前经常在课堂上、从文献中了解到拆迁难题，但对其困难程度只有一个非常模糊的认识，不清楚拆迁过程中政府、开发商、居民的博弈互动。琶洲西区地铁站（磨碟沙站）周围有很多老旧小区，拆迁补偿费极高，我们去调研的时候尽管地铁站已动工几个月，但几个"钉子户"依然耸立。城市在发展，政府治理水平也在进步，过去那种靠暴力拆迁的强硬执法行为已不被允许，政府和开发商想尽办法但还是无法与居民就拆迁补偿问题达成一致，所以只能留下那几栋居民楼，地铁施工的同时还要为不愿搬走的居民提供生活保障服务。

城市治理是一个宏大的工程，政府在治理过程中的复杂行为远非我们局外人所能掌握，其背后有着复杂的利益纠纷和博弈互动。此次调研的琶洲西区地铁站（磨碟沙站）在广州市乃至全中国的交通体系中只是一个小小的节点，与此同时，还有不计其数的站点在紧锣密鼓地施工中，这让我有了探究公用事业发展背后影响因素的动力，最终把目光聚焦于城市治理这个领域。

最后，尤其感谢陈琤老师对这篇文章提出的宝贵修改意见和对我的鼓励，由于缺乏深入调研场域的渠道，实证资料支撑不足，文章的撰写曾一度难以进行下去。写作是一场充满未知的旅程，但有了老师、其他同学的支持我并不感到孤独。这篇文章是我撰写学术文章的起点，在这个过程中不仅初步学习了写作规范、收获了很多学术思考，而且是对自身品格的历练，希望在今后的学习中成为一个更有责任心、有毅力、有独立思考能力的人。

广州市番禺区大山西涌流域治理的河长制实践

——基于整体性治理理论

陆嫣然 *

摘　要： 河流是三角洲城市最重要的自然要素，也是人类活动的重要空间。笔者通过实地访谈和文献资料收集方法，对广州市番禺区大山西涌流域治理案例进行分析，在整体性治理框架下剖析河长制的运作机制以及基层政府与居民的联动。从根本上说，整体治理理论以满足公共需求的价值取向构建整体政府，从而达到公共治理的目的。河长制作为整体性政府的重要组成部分，在实践中存在两大问题：其一是水环境治理主体仍然以各级政府部门为主，难以有效调动区域公众、社会的参与；其二是河长制的信息化体系尚未健全。笔者提出，河长制要进一步建立河长主导、部门联动、区域流域协同、社会公众共同参与治理的工作机制，以实现整体性治理协同。

关键词： 河长制　城市化　整体性治理

一　问题的提出

近 30 年来我国经历了快速的城市化过程，大规模的乡村人口向城镇迁移，致使城镇人口密度激增，水资源的需求量不断提高，生活污水相应增加，从而对水生态系统产生了多样化的影响及水文效应。城镇人口密度激增，城市用地不断扩大，土地利用类型由透水性较好的林草地、耕地向透水性差的建设用地转变，且排水管网建设替代了自然沟渠，改变了当地的产流、汇流形成条件。大量的人口涌入城市，使城市化进程加快，建设用

---

* 陆嫣然，中山大学政治与公共事务管理学院行政管理专业 2021 届学士。

地需求持续增加，继而侵占河道，致使河流长度缩减，水域面积减少，河网水系原有的稳定结构发生了改变。此外，人类活动也产生了大量的垃圾和污染，进一步加大了对城市生态环境的破坏。如何在城市化进程中加强生态环境保护，形成人与环境的良性互动，确保城市实现可持续发展是一项重大课题。

广州是全国最早一批实现改革开放的城市，城市本来的生态环境与城市化发展产生了冲突，使得广州岭南水乡的曼妙被黑臭的污水所掩盖。自1997年以来，广州开始整治河涌，2017年广州市水务局逐渐发布河涌整治名单，在河涌治理上花了大力气，积累了不少成功经验。城市化背景下人与生态的互动，不是城市的盲目发展，而是生态与人的和谐相处。

河长制强调建立由河长主导、部门联动、区域流域协同、社会公众共同参与治理的工作机制，与整体性治理理论强调整合资源，促进多元主体共同治理有一定契合之处，从整体性治理的视角出发，对其推动水环境公共治理实践进行反思及研究，具有较强的理论意义。

二　文献综述

（一）文献回顾

Sheng 和 Wilson（2009）研究了流域城市化对洛杉矶都市圈洪水发生的影响。洪水排放量的增加始于城市化的早期阶段，当时人口密度相对较低，洪水排放量取决于不透水面的分布和防洪措施。降雨径流指数的空间可变性以及大都市地区日益增加的洪水风险，对洪水应急管理构成了挑战。

Sheng 和 Wilson（2009）探讨了旧金山和伦敦的废水管理计划，阐述了旧金山与伦敦在城市化进程中污水治理的经验，两个城市都在18世纪后期建立了市政污水处理网络。Mika 等（2019）指出城市流域管理计划（WMP）的制订有助于市政当局合理分配资源，吸引公众和利益相关者参与流域治理。

周莉娟（2006）以广州东濠涌为例，利用国家水质标准对东濠涌的水质进行比较研究，并提出应对城市河流污染的综合治理措施。这类研究多集中在技术领域。根据环境社会学的理论和人水和谐的理念，孙艳军等（2009）分析现有河流治理模式的优缺点，重点探讨政府、企业、公民、媒体等利益相关者在城市水污染治理中的角色。陈昆仑等（2012）分析了快速城市化背景下珠江三角洲河流环境的演变过程和动力机制，阐述人类与河流关系的演变。王敏等（2019）探讨城市记忆的互动机制，关注河流的变迁和城市形态的发展。城市与河流的互动过程反映了城市文化的发展，是城市记忆形成的基础。在河流与人类的相互渗透中，河流的集体记忆已经成为广州的城市记忆。

（二）文献评述

城市化背景下的河涌治理是多个不同学科交叉的领域，特别是地理学、环境学、社会学等视角的融入，使得问题的研究更加全面深入。而对于城市化视角下的河涌变化却鲜有人关注。此外，在人与河流的互动过程中，政府在河流体系下的作用更加特殊，而目前的文献研究很少将河流演变置于城市化背景下。本文根据城市化带来的河涌环境演变趋势，运用整体性治理理论进行案例研究，最后指出，河长制要进一步建立河长主导、部门联动、区域流域协同、社会公众共同参与治理的工作机制，以实现整体性治理协同。

三 理论与分析框架：整体性治理理论

整体性治理强调在组织结构中建立协调整合的联动机制。英国学者Perri 6（1997）提出了整体政府的概念，他认为21世纪的政府应该是整体型政府、预防型政府、文化转型政府和结果导向型政府。英国学者Dunleavy（2006）对美国、英国、加拿大、澳大利亚、新西兰和荷兰等发达国家的公共管理制度进行了实证研究，认为整体性治理旨在改变政府与公众的关系。整体性治理理论是针对公共管理跨区域治理的需求日益增加、新公共管理带来的部门化和碎片化以及信息技术带来的新挑战而提出的，以满足公共需求的价值取向，构建整体性政府，从而达到公共治理的目的。与新公共管理理论强调市场化和分散化不同，整体性治理理论强调政府机构的主导作用，强调政府内部各级部门的整合，以及政府与非政府组织之间的整合，以整体和协作的决策方式进行治理。与传统的以控制、管理、行政为核心的官僚体制不同，整体性治理理论的最终目标是以公民需求为导向，建立无缝隙政府。洛克（2007）在《政府论》中指出政府的公权应在公共意志之下运行，人民是构成政府的基础，为人民提供服务是政府的根本责任。但是建立在专业化分工基础上的官僚体制是围绕各自的功能边界来提供服务的，脱离了公民需要的实际。整体性治理强调民本思想，最终目标是更高效地处理公众最为关心的问题，重塑公共行政价值和责任感。在推动各部门资源整合和功能协调的同时，以公民需求为纽带，以实际结果为衡量尺度，改进政府传统的工作流程（见图1）。

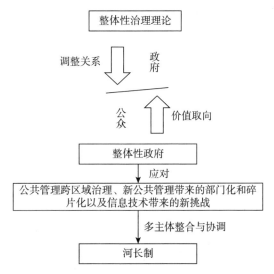

图1 整体性治理分析框架

中国情境下的整体性治理理论强调中央与地方政府的结合以及各级政府部门的综合运作，解决人民群众的生活问题。实现区域性治理，需要政府治理的技术和工具，而整体性治理能够满足我国区域治理的需要。中国政府注重信息技术的发展。信息技术的发展是整体性治理的物质基础。党中央和国务院都非常明确要推动信息技术的发展，为整体性治理提供物质保障。《公务员法》的出台，标志着我国公务员专业化的开启。部分地方开始探索的聘任制改革，能有效推动公务员体系的专业化。公务员的专业化为整体性治理提供必要的智力支持。从本质上讲，整体性治理理论是信息时代管理理论的变革，是人们不断发展需要的产物。

由于河流流域一般会跨越多个行政区划，而水资源又具有连续的自然属性，各级政府各职能部门的协调整合水平以及私营部门、社会组织、公众等治理主体的参与，成为影响河长制度效果的重要因素。以政府为治理主体的河长制，与整体性治理理论在治理理念方面存在一定的对应性。河长制的推行符合整体性治理理论解决碎片化问题的目标，重视河长制中水资源管理的统一性、系统性，运用总河长权威统筹各相关部门资源形成合作互动的工作机制，可以规避水资源管理体制条块分割的现状，整合各部门专有的资源，实现跨部门的协调与合作。同时，如何引导私营机构、社会组织、公众等其他治理主体积极参与河长制治理，协调整合全社会的资源与力量，为人民提供更好的公共服务，已成为河长制进一步深化改进的重点问题。整体性治理理论本质上是建立在多主体整合协调的基础上的，强调构建由政府、私人机构、社会组织和公众组成的多中心治理网络，提高解决公共问题和公共服务的效率。

四　研究方法及统计资料来源

（一）案例研究方法

本文主要通过对广州市番禺区大山西涌流域治理的河长制实践过程进行分析和研究，找出番禺区河涌水系的自然和社会特征，进一步观察城市化背景下大山西涌生态环境的变化过程。从人口数量、产业结构、人类生活习惯的变化等方面发现城市化对河涌生态环境的影响。最后剖析河长制的运作机制，从而解开大山西涌的"治理"之谜。

（二）数据收集方法：实地访谈和文献资料收集

笔者到广州市番禺区大山西涌调查该河涌治理情况，感受人与河涌互动状况，体会人们对于河涌的情感，并观察保洁人员的工作。考虑到受访者的自身阅历和居住空间位置，选取7位受访者，包括周边居民5人，保洁人员2人。

（三）统计资料来源

本文使用的文献资料包括《大石镇年鉴》（1995—2018）、《广州市番禺市志》（1992—2000）、《番禺年鉴》（1995—2018），主要涉及人口、工业发展、人民生活、市政建设、水利、环境监测等方面。此外，笔者特别注意到了地方史籍，参考番禺和广州两地的记录，补充了统计数据未涵盖的年份，并对访谈获得的第一手数据进行了验证。注重利用网络资源，通过相关新闻报道还原和确认不同时期的相关事件。

五 广州市番禺区大山西涌治理进程

(一) 位置与自然条件

广州市番禺区北临海珠区，东临狮子洋，西临东莞市和佛山市南海区、顺德区，中山市，南临珠江口和南沙。区内有 13 条内河，全长 21.7 公里，覆盖全街区，沿河流域人口近 40 万人。番禺区的河流属于平原河流。由于地势低平，靠近珠江口，所以水流平缓，潮汐明显，平均潮差 2.4 米，河流多自西北流向东南。区内河流纵横交错，除口门为纯潮区外，余均为洪潮混合区。西江、北江由西北部及西部流入，东江自东部、北部流入，流入境内成为平原河流，水势平缓。洪水期除口门附近和虎门水道、狮子洋、珠江干流外，均为单向洪流。最高洪水位在石龙围四方磨，最低在虎门口。番禺区属典型的亚热带季风气候区，温暖多雨，年均降雨量为 1650 毫米，但降雨年内分布很不均匀，雨量集中在每年的 4~9 月，占总量的 80% 以上，其中，以 5~6 月最多，10~12 月最少。

大山西涌原是广州市 152 条黑臭河涌之一，总长度约 2.21 公里，位于番禺区大石街①，南起植村南大路，北至大山西水闸，外接三枝香水道。其中，群贤路以南，即景华南路，南大路段为暗涌，长约 0.55 公里，群贤路以北总长 1.66 公里。

(二) 城市化背景下大山西涌生态环境的变化

1. 河涌环境的恶化

《广州市番禺市志》（1992—2000）记载："大石镇毗邻广州，交通便利的优越地理位置使得大石镇房地产业发展迅速，1991 年有 17 家房地产公司在大石镇投资开发。到 2000 年，共开发 33 个花园式住宅，全镇房地产开发土地 754 公顷。"其中，R 小区、L 小区均属于 FL 的楼盘。

R 小区的 W 婆婆告诉笔者：

> 我 1996 年就住进 R 小区了，一直看着它（河涌）变化，那时候水很大很干净，夏天太热了都有人直接跳下去洗澡。但是后来大石发

---

① 原为大石镇的一部分，2005 年 3 月，大石镇分设大石、洛浦两个街道。

展了，这些地方越来越热闹，很多人把污水直接排到河里面，这条河就越来越臭了。①

另一位 W 先生当年 8 岁随父母搬迁新房，入住 R 小区。他说：

> 河涌其实就是岭南水乡的回忆。我们小时候最喜欢夏天，家门口就是河涌，在河涌里和小伙伴捕鱼，钓小龙虾，捕捞螺蛳。后来老是有人往河里倒污水，越来越多的商户在周围开店，还有一些工厂排污，这个河越来越脏。根本不敢像小时候那样玩水了，到处都是黑臭的。②

正如这两位受访者所说，随着经济的飞速发展，工业废水量逐年增多，人们的环保意识却没有与时俱进，给水环境造成了较大破坏，水环境无法进行自身循环净化。原本山清水秀、绿波荡漾的河涌逐渐变得黑臭不堪。垃圾随意倒入河涌，周围工厂企业肆意排放污水，河涌水体严重发黑发臭，影响两边居民居住环境，导致投诉不断。

2. 影响大石镇河涌环境变化的因素

（1）产业结构的转变

《番禺年鉴（2018）》记载，番禺区 20 世纪 80 年代以前以第一产业农业为主，在改革开放的浪潮下，工业迅速发展，城镇中小企业如雨后春笋般出现，如番禺区南山工业集团公司。1999 年三产业比例为 8.6∶53.7∶37.7，1999 年后，产业结构逐渐向第二、第三产业转移，截至 2005 年，第二产业成为发展重心。2011 年以来，第三产业成为支柱产业，占据主导地位（见表1）。

表1　1993~2017 年番禺区产业结构变化

单位：万元

年份	第一产业产值	第二产业产值	第三产业产值	产业结构比例
1993	126850	232244	163841	—
1999	231222	1451396	1019211	8.6∶53.7∶37.7
2005	353482	3323935	2388494	5.8∶54.8∶39.4

---

① 2019 年 5 月 5 日对 R 小区 W 婆婆的访谈。
② 2019 年 5 月 5 日对 R 小区 W 先生的访谈。

续表

年份	第一产业产值	第二产业产值	第三产业产值	产业结构比例
2011	496418	5077767	6836263	4.0：40.9：55.1
2017	273202	7418599	12030629	1.4：37.6：61.0

2007 年以来，工业用水随着产业转移而逐渐减少，但 2009 年废水排放量达到峰值，2012 年后工业废水排放量与工业用水量都得到有力控制，二者均稳定在每年 2000 万吨以下（见图 2）。

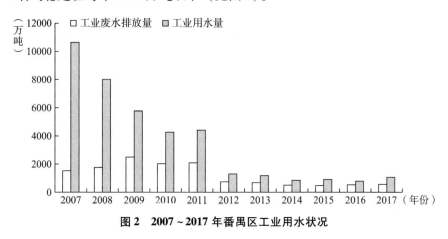

图 2　2007~2017 年番禺区工业用水状况

（2）城市化进程带来自然资源消耗增加

改革开放后工业发展对劳动力的需求带来了整个区域的快速城市化，外来人口大量涌入，城市建成区不断扩大。2008 年番禺区大石镇总居住人口为 12.38 万人，外来人口 7.3 万人，2017 年总居住人口为 17.6 万人，外来人口为 12.3 万人，人口剧增和人类活动强度增大加剧了资源消耗，给当地环境带来巨大压力。

（3）居民个人生活层面的人类活动变迁

从家庭居住面积的变化来看，人们居住习惯从传统的家族式走向分散化，家庭规模日趋小型化，外来人口剧增，刺激了该地区对住房的需求，导致住宅建成区范围不断扩大，对周边自然环境造成了严重冲击。1988 年底，大石镇全面完成了农村水改工程，普及了自来水。水资源由 1987 年通自来水前的集约使用，转变为自来水时代的粗放使用，人们对河涌等自然水体生活取水功能的依赖度降低，向河涌倾倒废弃物和排放污水的现象剧增。

（三）河长制促进区域治理

1. 河长制的政策进程

2016 年 12 月中旬，中共中央办公厅、国务院办公厅印发了《关于全面推行河长制的意见》（中国政府网，2016），从总体规划、主要任务和保障措施等方面提出了要求，明确了河长制的实施对象、组织形式和责任，标志着河长制从地方探索试点阶段向国家整体建设阶段迈进。在全面推行河长制的过程中，全国各地都取得了一定的成绩。2018 年 7 月 17 日，水利部召开全面建立河长制新闻发布会（中国政府网，2018），会上的通报称，截至 6 月底，全国 31 个省区市已全面建立河长制体系。

关于广州市河长制的发展历程，2016 年 6 月，《广州"河长制"实施方案》（广州市人民政府门户网站，2016）出台，广州市"河长制"逐渐完善，明确了市、区、镇（街）和村（居）四级河长的各自职责，并建立了责任追究制度。2017 年 6 月，广州市召开全面推行河长制工作会议（广州市人民政府门户网站，2017），"河长制"作为政府推行的重要举措，在全市全面展开。

如今，广州市水环境治理和碧道建设取得积极成效，2021 年广州市对河（湖）长制工作进行再部署（广州市人民政府门户网站，2021），持续优化碧道空间布局，加快构建北部山水、中部现代、南部水乡三片区多节点碧道格局。进一步加强碧道沿岸环境综合治理，改善水环境、修复水生态、保障水安全、复兴水文化。

2. 河长制在大山西涌治理中的实践

（1）治理成效

大山西涌流域面积较大，沿岸有工业厂房、交易市场、餐饮大棚和居民区，随着工业化进程加快和城市人口急剧增加，生活和工业污染日益严重。不达标排放和违法排放问题比较突出，一些污染严重的工厂和企业没有关停。沿途排放的污水对当地土壤和地表地下水造成严重污染，破坏了流域生态平衡。随着雨水的侵蚀，这些污染物最终会汇入珠江，造成严重的污染。2017 年 7 月，大山西涌黑臭水体治理工程正式开工，总投入 2100 多万元，在整体性治理框架下，以河长制为抓手，纵向执行各河长的政策决议，横向部门联合并发动群众。治理项目主要由截污工程、水利工程和补水工程三部分组成，并合力进行查污控源、河岸美化、强力拆违。

2018 年 9 月 11 日，广州市河长制办公室发布《关于广州市番禺区大山西涌河涌河长不履职或不正确履职情况的报告》，指出了番禺区大山西涌环境治理过程中存在的问题。一是河流的巡逻问题。2018 年 1 月至 9 月，区河长、镇（街）河长均符合河长制度的河巡要求，但区河长未上报任何问题，镇（街）河长仅上报 2 个问题。村（街）河长没有按要求完成河巡，也没有报告任何问题。与此同时，"四检"提出后，区、镇（街）、村（居）三级的"四检"工作尚未完成。二是履行义务存在问题。2018 年 8 月 4 日，市河长制办公室领导步行至大石街道时发现连接 R 小区和 FT 社区的污水管道建设进度缓慢。附近垃圾处理站的污水直接排入河流，散发着严重的恶臭。上游修建的溢流井占河道宽度的 3/4，严重影响了泄洪能力。

2019 年 5 月，大山西涌通过广州市治理评估，改造初见成效。工程处理方面，沿河两岸共铺设污水收集管和截污侧沟 3409 米，并将直排河的排污口与雨污汇流口连接起来。对河流中游的涵洞进行清理排水，连接排水口；建设污水提升泵 1 台，截污干管 7 座。污染源检查方面，共检查建（构）筑物 4074 处，总面积 48.8 万平方米，清理污染源 352 处。污染源治理方面，各级河长多次组织街道河长办、水务办、村（居）队，以及大山村、大石村（居）两级河长、党员干部，村民和志愿者参加"洗河"行动；在强力拆除违建方面，截至 2018 年 11 月 14 日，大石街已全面完成黑臭河涌治理范围内的违建拆除任务，打通了河道巡查通道。笔者日前实地勘察发现，整治效果良好，河涌无明显垃圾，河水颜色呈绿色，无臭味。

住在大山西涌边的居民 L 先生告诉笔者：

> 没整治前，河涌比较臭，垃圾也比较多，现在河涌干净了很多，直接往河涌里扔垃圾的也少了，整体环境卫生都变好了，特别是打通了一河两岸后，有空时还可以出来散散步，挺不错的。①

（2）管理机制

在大山西涌的河长制治理实践中，主要通过纵向及横向的管理机制，形成各部门及组织的整体性治理合力。

---

① 2019 年 5 月 5 日对大山西涌居民 L 先生的访谈。

从纵向实践上来看，大山西涌流域进行了省、市、区、镇街、村（居）五级河长的挂任，通过强化纵向河长水环境治理责任制，实现科层制模式下行政权力的分散和水环境治理资源的垂直整合。一方面，这有效破解了整体河流生态区域与行政条块分割的属地原则冲突造成的碎片化治理问题；另一方面，设置扁平化的纵向垂直机制，能够确保水环境治理流域上下级统一思想，使得相关政策、任务、指示精神能准确传导到位、责任到位，确保大山西涌治理困难、治理方案与实际治理不相符等问题信息及时反馈给上级，以便调整修改治理方案。大山西涌流域治理依托各级河长制办公室及对应层级河长工作会议、水环境治理联席会议等机制，统筹推进大山西涌水环境治理工作。在纵向垂直的河长制下，各级河长积极履职，依托行政权威进行统筹、协调、监督，积聚力量共同推动大山西涌水环境治理工作。大石街坚持巡河常态化，街级河长每周一巡，村居级河长每日一巡，早发现问题，早整改落实。加强河长培训，强化责任担当和问题发现处置能力，加大问责追责力度。

从横向协调的河长制整体性治理实践来看，河流治理涉及水务、环保、城管、农林等多个部门及属地镇街，每个单位都有自己的水环境治理职责，往往会造成"九龙治水水难治"的局面。在整体性治理的视角下，着重于政府机构、组织间的整体联系，强调整体利益的最高价值性，与以往单纯以行政边界和不同部门职能来匹配资源的模式不同，其更多的是依靠内部协调、外部合作的整体运作机制，来聚拢资源、横向调整部门间的利益，以推动整体性目标的实现。在大山西涌水环境治理过程中，通过区级河长制办公室的横向统筹协调及河长制联席会议的研究决策，明确、统一总体目标并进一步细化各部门、各镇街的具体责任，有效地改变了分散化及自利性倾向带来的多头治理局面。从具体实践上看，大山西涌打了一套"控源、截污、清淤、调水、管理"的治水组合拳。一是实施"洗楼"行动。检查辖区内所有建筑物，摸查黑臭河涌排污口及污染源470个，拆除多处涌边违法建筑，取缔"小散乱污"企业33家。二是推进清淤工程。根据先急后缓原则，区街两级安排专项资金对河涌进行清淤疏通。三是整治黑臭水体。13个农村生活污水治理工程于2017年12月底完工，住宅小区排水管网陆续接驳市政管网。四是明确河长职责。制作河长公示牌，主动接受监督，各级河长深入一线巡查，协调解决施工场地问题。五是加强日常保洁。组建河涌保洁队，每年安排资金180万元，配备9条保洁船和

25 名保洁员，日均清理河涌垃圾 5 吨。

以河长制作为抓手推进大山西涌黑臭水体治理，其目的是要形成河涌治理合力，为公众创造一个更好的生活环境。横向吸纳公众与社会力量融入河涌治理，是大山西涌治理实践的成效展示。在调研过程中我们发现大石街道办积极参与治理河涌的工作，对其他部门的工作进行协助和支持，做好群众之间的沟通工作，使环保治水的理念深入人心。在大石街道的多处地方都可感受到街道办对河涌治理的重视，如利用标语、宣传栏等方式向公民传达环境保护的重要性，除此之外，街道办联合志愿者、社区等开展河涌治理答疑和科普工作，解开居民"不配合"的心结，引导市民朋友爱护河涌，不往河涌乱扔垃圾杂物，珍惜来之不易的治水成效，共享治水成果。

六　结论与讨论

本文通过历史资料收集、深度访谈、实地观察等方法分析番禺区河涌水系的自然和社会特征，进一步分析了大山西涌生态环境的变化过程。从人口数量、产业结构、人类生活习惯的变化等方面分析人类活动对河涌生态环境的影响。利用整体性治理框架剖析河长制的运作机制以及基层政府与居民的联动。从根本上说，河长制亦是行政体制改革的重要组成部分，是顺应时代发展和群众期望的，但目前河长制在运行过程中也存在一定问题。

根据埃莉诺·奥斯特罗姆的公共池塘理论，在一定范围的社区内，群众、企业等公共资源共同占有者能将自己组织起来并有效地进行自主治理，但当前，水环境治理主体仍然以各级政府部门为主，缺乏有效的区域公众参与。一方面，公众对水环境公共资源的保护意识和法治意识仍不够强，政府的宣传还不到位，提供的参与渠道还不够多，公众对此还是停留在"各扫门前雪"的阶段。另一方面，目前河长制参与水环境治理更多还是停留在对外公布河长姓名，提供河长 App 以方便群众反映问题等片面监督的层面上，而后者对于老年人来说存在一定的使用障碍。而通过电子信息公布的河涌治理流程还不够详细，问题反映渠道较少。

未来可以进一步优化现有河长信息管理系统。公众参与的主动性很大程度上取决于参与渠道是否便捷，复杂的参与途径会打击公众参与的积极性。因而，需要进一步依托现代信息技术，打造"互联网＋河长制"的社会共治模式。一方面，通过河长信息系统定期向公众发布河涌治理及河长履职情况，如阶段性治污工程施工进展情况及对公众出行的影响情况、资金使用情况、河涌水质指标情况等，能让公众及时掌握水环境治理情况，从而对治水工作有进一步的掌握和理解，能有效消除旧有治水模式的缺陷，进一步增强公众对水环境治理工作的信任度。另一方面，进一步拓展公众参与河长制的渠道，如可通过违法排水线索有奖举报、水环境治理进校园、巡河马拉松、水环境治理建言献策等多类型参与方式，扩大公众参与共治的范围。还可以通过设置以沿岸居民、NGO 代表、企业代表等为主体的民间河长、巡河志愿者的方式，让公众切实参与到河涌治理这一工作中来。

总之，河流是三角洲城市最重要的自然要素，也是人类活动的重要空间。在快速城市化的背景下，它既是环境变化的主要"承受者"，也是人类活动的主要载体。河流演变的驱动力主要来自人类活动的变化，包括社会生产和个人生活行为及活动强度的变化。河流水环境治理是一个非常复杂的系统工程，不仅是一个简单的技术问题，还需要运用人文、历史、管理等多方面的知识进行城市与人类的对话。未来，随着人民群众对生态环境的美好向往日益增强，河长制作为其重要实现载体在实践中的操作价值和应用范围也会进一步拓展，相信随着城市管理者的不懈努力，人与自然和谐共生的生态文明终将实现。

参考文献

［1］ 陈昆仑、薛德升、王旭，2012，《快速城市化背景下广州五眼桥涌地区河涌环境演化研究——基于人类活动变迁的微观视角》，《人文地理》第 2 期。

［2］ 广州市人民政府门户网站，2021，《广州市对河（湖）长制工作进行再部署》，http://www.gz.gov.cn/xw/gzyw/content/post_7177242.html。

［3］ 广州市人民政府门户网站，2016，《广州"河长制"实施方案印发》，http://www.gz.gov.cn/zwfw/zxfw/gysy/content/post_2859486.html。

［4］ 广州市人民政府门户网站，2017，《广州市召开全面推行河长制工作会议》，http://www.gz.gov.cn/xw/gzyw/content/post_2845102.html。

［5］ 郭焕庭，2001，《国外流域水污染治理经验及对我们的启示》，《环境保护》第 8 期。

［6］黄金川、方创琳，2003，《城市化与生态环境交互耦合机制与规律性分析》，《地理研究》第2期。

［7］刘爽、张鑫龙、侯颖、常文千、郑亚男，2018，《京津冀地区城市化与生态环境耦合关系研究》，《中国市场》第19期。

［8］刘耀彬、李仁东、宋学锋，2005，《中国区域城市化与生态环境耦合的关联分析》，《地理学报》第2期。

［9］洛克，2007，《政府论》，刘晓根编译，北京出版社。

［10］任敏，2015，《"河长制"：一个中国政府流域治理跨部门协同的样本研究》，《北京行政学院学报》第3期。

［11］孙艳军、岑慧贤、王树功，2009，《人水和谐理念下城市河涌整治的环境社会学思考》，《广州环境科学》第1期。

［12］王敏、赵美婷、朱竑，2019，《广州河涌的自然社会构建与城市记忆》，《地理学报》第2期。

［13］王少剑、方创琳、王洋，2015，《京津冀地区城市化与生态环境交互耦合关系定量测度》，《生态学报》第7期。

［14］王书明、蔡萌萌，2011，《基于新制度经济学视角的"河长制"评析》，《中国人口·资源与环境》第9期。

［15］王英伟、邹水平，2019，《广西北部湾经济区城市化与城市土地利用效益耦合协调发展研究》，《广西社会科学》第9期。

［16］叶璇，2012，《整体性治理国内外研究综述》，《当代经济》第6期。

［17］中国政府网，2016，《中共中央办公厅 国务院办公厅印发〈关于全面推行河长制的意见〉》，http://www.gov.cn/xinwen/2016－12/11/content_5146628.htm。

［18］中国政府网，2018，《水利部举行全面建立河长制新闻发布会》，http://www.gov.cn/xinwen/2018－07/17/content_5307165.htm#1。

［19］周莉娟，2006，《城区河涌污染的综合整治对策研究——以广州东濠涌治理为例》，《科技管理研究》第5期。

［20］Carle, M. V., Halpin, P. N., Stow, C. A., 2005, "Patterns of Watershed Urbanization and Impacts on Water Quality," *Journal of the American Water Resources Association* 41 (3): 693 – 670.

［21］Klein, R. D., 1979, "Urbanization and Stream Quality Impairment," *Journal of the American Water Resources Association* 15 (4): 948 – 963.

［22］Mika, M. L., Dymond, R. L., Aguilar, M. F., Hodges, C. C., 2019, "Evolution and Application of Urban Watershed Management Planning," *Journal of the American Water Resources Association* 55 (5): 1216 – 1234.

［23］Dunleavy, Patrick, 2006, *Digital Era Governence: IT Corporations, the State, and*

       E – Government，Oxford University Press.

[24] Perri 6，1997，*Holistic Government*，Demos.

[25] Schwirian，K. P.，Prehn，J. W.，1962，"An Axiomatic Theory of Urbanization，"*American Sociological Review* 27（6）：812 – 825.

[26] Sheng，J.，Wilson，J. P.，2009，"Watershed Urbanization and Changing Flood Behavior Across the Los Angeles Metropolitan Region，"*Natural Hazards* 48（1）：41 – 57.

[27] Smith，B. R.，2007，"Is Dilution the Solution to Pollution? Municipal Sewerage Systems in Late Nineteenth Century San Francisco and London，"*Berkeley Planning Journal* 20（1）：22 – 55.

[28] Vaate，A. B. D.，Breukel，R.，Velde，G. V. D.，2006，"Long – term Developments in Ecological Rehabilitation of the Main Distributaries in the Rhine Delta：Fish and Macroinvertebrates，"*Hydrobiologia* 565（1）：229 – 242.

[29] Wang，L.，Lyons，J.，Kanehl，P.，Gatti，R.，1997，"Influences of Watershed Land Use on Habitat Quality and Biotic Integrity in Wisconsin Streams，"*Fisheries* 22（6）：6 – 12.

✦ 后 记

    近年来，随着城市化和工业化的快速发展，水环境状况不断恶化。黑臭水体的存在已成为典型的城市病，给城市管理带来难题。一方面，水体黑臭，破坏河流生态系统，降低河流生物多样性，影响城市面貌和环境美学价值；另一方面，黑臭水体会刺激人体呼吸系统，易滋生病原微生物，有可能导致大规模疾病暴发，严重危害流域周边居民的身体健康。河涌治理，刻不容缓！在城市化进程越来越快的时代背景下，如何更好地因地制宜进行城市管理，需要我们进行深入的思考。

    历史上广州城市的发展"因水而兴"，城市水系发达，千百年来形成了包含自然水系、人工构筑物和人文景观等在内的丰富的城市"水文化"体系，在广州的三年时间里，我走过广州无数大街小巷，河涌密集地奔流在这座城市空间中，有不少河涌经过改造后焕然一新，被注入了新的时代价值，如被称为"新羊城八景"之一的"荔湾胜境"就是以荔枝湾涌为核心打造的。但这只是河涌治理的一抹亮色，目前仍然有大量河涌是黑臭水体，特别是城中村以及旧城区等区域，河涌治理困难重重。大山西涌的治理便是难题之一，污水乱排乱放、河长失职等新闻频频出现，这也让我对其颇为留意。

　　我在实地调研的过程中，对大山西涌区域进行了细致的走街串巷式调查。大山西涌沿岸多老小区，如 R 小区，小区内有很多晒太阳、带孙子的婆婆公公，笔者以轻松闲聊的方式勾起了他们对这条河涌的回忆，不少老年人对这条河流感情非常深。几十年的风雨变迁，城市翻天覆地的变化令他们唏嘘不已，如今大山西涌经过治理重新变得清澈干净，大家都表示非常满意。据介绍，街道办事处、居委会定期对居民进行宣讲，组织活动加大河涌治理宣传力度，在多个居民区、街道旁设置标语路牌等。此外，我注意到目前河涌重要的保洁工作由"船上清洁工"负责，工作人员也热情地同意了我的访谈请求，并介绍了目前的工作时间与主要工作内容。非常感谢那些接受我访谈邀请的人员，他们帮助我顺利完成论文，也让我更加真切地看到了人和河涌的互动以及人对河涌的情感。

城中村环卫公用事业差异化发展原因探析

植金容*

摘　要：本文基于城市政治的视角，以广州市历史最悠久、最大的城中村——石牌村为个案，探讨城中村内部环卫公用事业发展为何存在差异。本文通过介绍石牌村"由农村飞进城市"的发展历程、村容村貌、基础设施及人员配备、环卫工人与居民的人际关系，发现城中村的卫生状况虽得到较大的改善，但是环卫事业的发展在村内呈现巨大差异，光鲜靓丽的大街大巷与环卫状况堪忧的小街小巷形成鲜明对比，其背后的根源在于向上负责的行政体制、城乡二元化的环境。为此，本文指出城乡管理应从畅通居民的利益表达机制、提高外来人口的社区认同感、打造适应城中村环境特点的智慧环卫体系等方面入手以实现环卫事业的均衡发展。

关键词：城中村　环境卫生　城乡二元化

一　问题的提出

随着城市化的急剧推进，昔日的田地及平房大多变成了拔地而起的高楼大厦，同时催生了大规模的"城中村"。截至 2016 年底，中国共有 657 个城市。除去北京、天津、上海和重庆这四大直辖市，还有 293 个地级市和 360 个县级市。对上述城市和部分样本区块的有关调研结果显示，这些区域共有户籍人口 4.03 亿人，另有 7400 万的暂住人口，覆盖区域达到 5.43 万平方公里。在城市迅速扩张的进程中，许多村民的生活聚落很快被

---

* 植金容，中山大学政治与公共事务管理学院行政管理专业 2021 届学士，武汉大学法学院法律硕士（涉外律师）专业 2021 级硕士研究生。

城市所吞没和包围，其数量及涉及的人数不容小觑。如表 1 所示，截至 2016 年，北京市共有 189 个城中村，涉及人口 345 万人；上海市共有 104 个城中村；广州市内共有 304 个城中村，涉及人口 598.25 万人；深圳市有 241 个城中村，涉及人口 250.8 万人。

表 1　2016 年我国部分大城市的城中村数量

单位：个，万人

城市	城中村数量	城中村原住居民	城中村外来人口	城中村外来人口与原住居民的比例（估计）
北京	189	55	290	5.3∶1
上海	104	—	—	—
广州	304	98.25	500	5.1∶1
深圳	241	35.8	215	6∶1

资料来源：李小云、许汉泽，2016，《阶层重构与倒置：我国城市化进程中社会分化的新趋势——以 B 市 G 城中村为个案》，《贵州社会科学》第 1 期。

在城市化进程中原本便显示出落后态势的城中村，随着大量外来人口的涌入，更是带来了严峻的环境卫生问题，影响市容市貌及城市形态，制约着城市的发展。"脏乱差"成为一些人对于城中村环境卫生的偏见。作为城市中的夹缝地带，城中村以低矮杂乱的形态置身于充满现代都市气息的摩天大楼之间，与繁华现代的大都市格格不入。城中村的环境卫生虽确实存在不少问题，但承受了过重的指责及过度的污名化——城中村就必然与"脏乱差""问题村"挂钩吗？城中村就干不好环卫吗？调研结果发现并非如此。笔者走访发现，位于广州天河区中部的石牌村，尽管村内有些地段环卫情况不容乐观，但是村内另外一些地段却干净整洁、秩序井然，可见城中村未必不能落实好环卫工作。这也引发了笔者的思考：事物均有其正面及反面，环卫公用事业亦是如此，如同日与夜、光明与黑暗，都在同一片土地上存在着，究竟是什么导致村内的某些部分做得好而某些部分做得差呢？石牌村作为广州市历史最悠久、规模最大的城中村，具有典型性，对该现象进行解释有助于准确把握城中村环卫公用事业发展的内在机制，因此本文围绕以上问题来展开。

近年来，政府对城中村的环境卫生建设给予了高度的重视。2019 年 6 月，广东省首次提出："针对珠三角地区，广东省特别要求把城中村纳入农村人居环境整治和美丽乡村建设范围，2020 年底与其他村同步达到'干净整洁村'要求。"环卫事业是城市公用事业的重要组成部分，事关城市面貌，是城市现代化水平的直接体现。容纳大量外来人口的城中村的环卫状况构成了城市面貌的底线，关乎数以百万计的外来人口的生存质量。然而，由于硬件设施以及规划不足，城中村的环卫事业面临更复杂的问题和更大的压力。因此，必须客观全面地评价城中村的环卫公用事业，充分认识到城中村环卫公用事业的复杂性、动态性，方可开辟出与城中村条件及形态相适应的环卫事业发展形式。

二 概念界定

在早期的研究中，城中村被人们称为"都市里的村庄""都市里的乡村""城市里的乡村"，近年来城中村的名称被学界广泛接受，但是对城中村概念的界定并未完全统一。虽然学术界对其概念尚未有统一的定论，但一般都认同城中村是城市发展过快所引发的城乡二者兼容的特殊现象。

学者们从不同角度出发，对城中村进行了定义。如从土地关系上界定：城中村是指那些位于城市规划区范围内或城乡接合部，被城市建成区包围或者半包围的，没有或者仅有少量农用地的村庄（李俊夫，2004）。从房屋建筑角度界定：城中村是指在城市建成区内，在原农村居民点范围内形成的与周边城市环境构成鲜明反差的以原农村居民"一户一栋"为基本特征的特殊居住区（刘吉、张沛，2003）。从土地用途与产业结构角度来看：城中村是地处城镇范围内却又基本脱离农业生产的村落（蓝宇蕴，2005）。从产权归属和生产经营情况来界定：城中村是仍然实行集体经济所有制，没有彻底脱离原有管理模式的非城市社区。也有学者跳出单一角度的解读，考虑到城中村的动态性和双重性。如杜君和韦小青（2009）从社会关系和社会形态及其发展的角度，将我国城中村定义为：在快速发展和推进城市化的过程中，原本属于农村人们居住的区域，人员和其他社会联系就地被保留了下来，原本没有机会参与却在城市化的浪潮中逐渐和更新后的城市产业结构挂钩，并以其土地资源和其他城市产业化经济所能够带来的收入和利益作为其生活的来源，由原始的初级关系（包括地缘联系和血缘联系）逐渐转变为以次级关系（包括业缘联系和契约联系）为主要基础的社区，并且正处于一个过渡阶段。

许多学者还对城中村的划分进行了深入的探讨，主要以城中村的发展历程、发育水平及地理位置作为划分基础。如谭启宇等（2005）根据我国城中村的形成历史和发展过程将我国城中村细化为两个大类：一个就是目前正处于形成、发展的中、后期，主要是以"自然村"或"行政村"的形式错落分布在整个城市建成区中间或边缘的地方；二是城中村正处于形成、发展的早期，也就是行政区划学上的"城中村"。吴志刚、周素红（2005）根据城中村内部的土地使用情况，世居民众和外来务工人员的人口比例，以及世居民众的物业创收程度，把城中村分为以下三种类型：典型、转型和边缘型城中村。李培林（2002）参照城市包围农村的程度，对城中村做了三种划分：一种是地处繁华路段完全脱离了农业生产的村落；另一种是地处边缘地段，保留部分农业生产用地的村落；还有一种是地处郊区仍存在较多农业生产用地的村落。较多的学者在研究中普遍倾向于将第一种类型定义为城中村，因为其"被城市包围的程度最深，它们最突出地呈现村落终结的特点"，这一类村庄的自身环境与周边林立的高楼形成巨大反差，环境卫生等问题在现代化的繁华闹市背景映衬下更加凸显，最具时代特征和典型性。本文的研究对象石牌村正是这种村落的典型代表。

结合学界的观点，本文将城中村定义为：在快速推进城市化的进程中滞后于时代发展步伐，坐落于繁华市区，产业结构与劳动结构都基本上已经非农化的新型村庄。

三　文献综述

（一）文献回顾

在早期的研究中，学界主要将研究重点放在了城中村的类型划分和规划建设改造上，城中村环境卫生鲜被深入探讨，但是随着我国城市化的迅猛发展，城中村环卫事业的严峻态势越来越引人关注，近年来关于城中村环卫事业的研究稍有增多，其中主要围绕城中村环卫事业存在的弊端及原因分析、对策建议来展开。

关于城中村环卫事业的研究主要集中于对其问题的关注上，其中不乏基于实地考察的个案研究，范围涉及各大城市，其中对城中村环卫的正面评价近乎没有。曾礼祥（2016）以深圳市为个案，指出深圳市城中村的卫生环境存在的问题主要有四个方面：垃圾污染严重，生活污水处理的问题；乱贴乱画，乱接乱拉电线随处可见；环境差，安全隐患问题突出；脏乱环境影响城市的整体素质。罗增祥（2008）则选取广州市城中村为案例，结合个案访谈，从城中村环境卫生现状、内部控制和管理体系以及相关法律政策的落实三个方面挖掘出一些有关城中村环境治理的问题，从更微观的角度揭示了城中村脏乱差的表现：地面垃圾遍布、积水严重，地面部分建筑物墙体乱贴乱画的现象严重，各种管线布置混乱，恶臭气味和噪音扰民，肉类蔬菜市场、公共厕所条件恶劣。徐子涵等（2012）跳出城中村环境卫生现状本身，考虑到城中村居民的心理健康因素，指出城中村由于建筑物密集杂乱，通风和采光困难，阴暗潮湿、室内昏暗，带来压抑与不适感，认为城中村不太适合居民生活，更不是育儿养老的好去处，直言城中村是一个城市脏乱差的典型代表。李钊（2001）同样也关注到了恶劣的居住环境对人的身心健康的不利，除了上述所提到的问题，还提出了街道两侧摆摊设点对居民工作和生活的严重不良影响。和前述学者观点不同，李津逵（2005）认为，环境卫生堪忧的城中村，作为城市低收入人口的栖居之所而存在，是城市发展转型阶段产生的一种必然的暂时现象。城中村的环境卫生问题犹如"冰山一角"，"海平面"之下存在更加复杂、深刻的经济社会问题，这些问题更引人深思，即城中村所折射的问题本质是经济社会问题，视野应当跳出环卫问题这个"浅滩"。仅有极少数的学者注意到了城中村环境卫生的改善，如蓝宇蕴（2005）在实地考察后得出结论：近年来部分城中村的环境卫生状况大为改观，社区卫生管理已逐步走上制度化与规范化的轨道。

随着城中村严峻的环卫问题的提出，学者们也尝试对问题做进一步的分析，以便更好地对症下药。胡战（2009）将原因主要归结为社区经费存在缺口及收费困难，管理体制没有完善和理顺，工作机制不健全，居民在环境卫生方面的道德意识淡薄。曾礼祥（2016）的原因分析较前者更为全面，在前者基础上，引入了城中村环境卫生治理硬件配套设施滞后这个历史遗留因素。李立勋（2005）还细致地观察到了城中村管理者对外来人口心存防范，并体现在具体的管理工作中，这导致外来人口内心缺乏归属感，并不热衷参与城中村的各项工作和事务，该学者将此视为城中村人居环境不断恶化的主因。彭善民（2009）发现学界关于城中村环境卫生的研究往往从其存在的不足和缺陷出发，而疏于对城中村的优势给予相应的关注，于是其创造性地采用了整合、增能、互动等社区发展优势视角进行研究，然而遗憾的是，其正文实际上仍然关注城中村的环境卫生缺陷，因此可以说该学者其实在行文中仍然不自觉地使用了批评视角，他指出出现环境卫生问题的原因：在政府的环卫管理方面，城中村的环卫管理制度缺乏统一规范的监督和协调，普遍存在村委会和居委会在环境卫生管理方面的权责模糊和职能不清，而且政府作为封闭、内部自我循环的自组织体系，缺乏与同层级其他政府的关联性、协调性，缺少同社会之间的沟通性、调节性，致使其权威性不足；在城中村社区治理上，城中村居民缺少利益表达机制，"农转非"的形态使得城中村当地居民的意识和观念没有因为他们身份的变化而发生改变，公共卫生意识缺乏。

许多学者就如何破除城中村整体脏乱差的环卫困境提出对策，以期推动城中村更良性的发展。曾礼祥（2016）提出，要实施城中村流动人口租前教育；联合媒体加大宣传力度；政府加大城中村环境卫生治理的工作力度；切实保证城中村环境卫生治理的经费投入；改善城中村环境卫生治理的硬件设施；健全城中村环境管理机制、推进城中村改造，科学构建现代化的人居环境。罗增祥（2008）所提出的对策十分具体，主要从环境卫生治理硬件、卫生收费、环境卫生治理监督、卫生治理工作评价体系方面提出了详细的建议。彭善民（2009）从优势视角出发，建议政府应从资源的控制者转化为资源的整合者；通过加强媒体督导与提高城中村环境卫生治理的社会参与，塑造社区认同，进而促进整治工作质量的提高；提倡以能力为取向的环卫宣传教育。

（二）文献述评

关于城中村的现有研究主要集中在城中村的规划改造上，专题探讨城中村环境卫生的研究成果较少。而在城中村环卫事业的研究中，整体上呈现一种批判视角，较少关注城中村环卫事业的正面案例，遑论以更微观的视角比较城中村的环卫事业的具体优劣。而且当前学界对于城中村环卫事业的研究仅止步于当前状态的描述，而忽视了城中村环卫事业背后发展的动态性，在原因分析上普遍以社区治理、社会学视角切入，政治学的视角相对缺乏。因此，本文以石牌村为研究对象，具体探讨其内部的环卫事业分化，既关注其不足之处，又挖掘其亮点，全面客观地评价城中村的环卫事业现状，同时引入政治学的视角并结合城中村的发展历程考察其环卫效果分化的原因，以补充既有研究的不足。

四 理论基础和分析框架

（一）理论基础

政治学是研究政治现象及其发展规律的科学，随着政治学与其他学科的不断交叉与融合，城市政治学兴起（杨勇、王彩波，2013）。彼得·约翰认为，"城市政治学一方面是对一个空间范围内运行的描述和分析，另一方面则是对与城市和城市区域相关的更广阔的社会—政治—经济进程，以及关于两者的研究"（戴维斯、英布罗肖，2013）。城市政治学作为政治学的一个分支学科，最早源于美国，出现于20世纪最初20年内进步运动盛行时期。西方政治学理论研究的重要视角包括权力政治、行为政治、女权政治、西方马克思主义，主要涉及城市政治制度、城市政治过程、城市政治思想、城市公共产品和全球化时代城市政治发展等内容。在早期的城市政治理论研究中，核心问题是"谁统治城市"，城市被视为可以进行自主决策的政治单位，对于城市资源的权威性分配问题主要围绕着多元主义和精英主义的争论而展开（张福磊，2015）。进入20世纪后期，城市政治研究的重心开始向"如何统治城市"转移，涌现出了增长机器理论、城市政体理论、城市治理理论、公共选择理论等经典理论。

城市政治理论最初是舶来品，国内学者基于中国本土的应用、经验研究进一步发展了城市政治理论。环卫事业作为公用事业，与城市政府职能息息相关，而城中村又是城市化的重要产物，因此本文借助城市政治视角，解释在城市化的大背景之下，城中村环卫公用事业的发展规律。

（二）分析框架

本文的分析框架如图1所示。

五 研究方法

本文采取案例研究法，对广州市天河区石牌村进行实证研究。石牌村

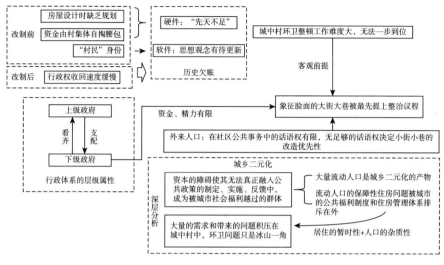

图 1　本文的分析框架

作为广州市历史最悠久、最大的城中村，地处繁华的广州市天河区，与周边高楼林立的城市建筑形成鲜明对比；其产生、变化以及发展均受到城市化历程的深刻影响。因此，石牌村具备典型性和鲜明的时代特征。从可及性而言，石牌村距离笔者学校较近，公共交通 1 小时内可达，方便笔者及时补充实证材料。因此，以石牌村为研究个案，便于获得丰富的历史材料和实证材料，把握城中村环卫公用事业差异化发展的内在机理，为研究的顺利展开打下良好基础。

笔者查阅了广州市及与城中村环卫事业相关的文献书籍、政府政策文件、新闻报道等信息，总结目前关于城中村环卫公用事业研究的已有成果，了解石牌村的发展概况及其环卫事业现状，补充关于石牌村环卫事业的背景知识，为实地调研打下前期基础，同时也可作为实地调研所得资料的有益补充，有利于获得更加开阔的研究视角。

笔者实地走访了石牌村，通过照片、视频的形式记录观察到的环卫现象，形成关于石牌村环卫事业真实、生动、有效的资料。同时本研究运用结构式访谈法，与处于环境卫生工作第一线的环卫工人以及作为环卫工作效果的最直接体会者的当地居民进行沟通与交流，从环卫工人的工作内容、工作思考以及居民的认知感受出发，具体把握石牌村环卫工作的真实面貌。

本文选取石牌村作为案例，总结石牌村环卫事业的发展面貌，从城市政治的角度切入并结合城中村的发展历程，进一步从深层次上把握石牌村环卫事业何以部分优部分劣的分化现象，尝试探索与城中村客观条件相适应的发展路线，扬长避短，为以后推动城中村环卫事业发展提供思路，以期推动城中村的环卫质量的提升、早日摆脱"脏乱差""问题村"等污名化的社会标签。

六 案例介绍

（一）地理位置：被城市"侵蚀"的村庄

石牌村曾经是广州市以及周边地区最为出名的一个城中村。由于时代的变迁，其地理区域范围发生变动和收缩：截至1996年，其农业用地已基本被征收完毕，仅仅保存了居住用地和部分特殊用地，到了21世纪初，面积仅剩0.6平方公里。目前，石牌村位于广州市天河区中部，东边和暨南大学等为邻，往西可见黄埔海关和一些居民小区，向北边行进，则依次可穿越华南师范大学到达区政府旧址，南起黄埔大道，直抵珠江岸边，分布呈不规则长方形。

（二）近代历史：由农村"飞"进城市

石牌村的历史最早可追溯至宋朝，迄今已经有近750年的历史。

在建制上，新中国成立后，新庆村和东石牌村统一划归石牌村。1951年后，石牌村属于白云区。1956年，白云区被撤销后，石牌村划归新成立的广州市郊区。当广州市天河区在1985年成立后，石牌村又划归天河区沙河区公所管辖。两年后，石牌村居委会成立，并最终于1997年转型，原本隶属于村委会的两个集体经济合作社和三个居委会现在统一接受石牌街道办事处的管理，并集资组建了集体所有制企业——石牌三骏企业集团有限公司（以下简称"三骏企业集团公司"）。

在广州的城市化高速发展之前，石牌村不过是一个非常普通的村落，后来产生如此历史巨变，主要源于改革开放。随着广州市政府将天河区提上城市规划日程，石牌村的土地从20世纪80年代开始就不断被征收，到80年代末征用面积超过1000亩。在那段时间，为了跟上时代的发展步伐，石牌村也进行了密集的集体经济改革，通过广泛集资的方式，大力开展各种股份化生产经营活动，成效斐然。早在1987年，全村第三产业收入就超过了原本赖以为生的农业经营活动。进入90年代，石牌村的经济发展更是蒸蒸日上，村内大量农田被迅速征收，到了1994年，石牌村已经完全成为一个既无农田也无农民的城中村。与之相对的是，石牌村的物业经济突飞猛进，建成了建筑面积超过5万平方米的工贸大厦，又修建了石牌东路，使得全村集体经济收入攀升到将近2亿元。与此同时，为了创新求变，石牌村也对自身的股份制结构进行适当的改革。1997年，石牌经济联合社和27个经济社合作出资、共同组建了三骏企业集团公司，由该集团统一管理原石牌村全部的集体经济。

（三）人口结构："南腔北调一锅粥"

石牌村融入并成为城市的一部分，反映在人口上是吸纳了许多外来人口，这些人群整体上呈现杂质性、流动性的特点。相关数据显示，21世纪初，石牌村的户籍人口为9314人，户数1994户，暂住人口却是全村户籍人口的4倍之多，高达42000人，人口密度较大，每平方公里超过5万人。2003年的数据显示，石牌村的原住民常住人口仅剩3000人，而常住流动人口是这个数字的30倍之多，达到10万人（邢晓雯，2013）。在这些外来人口中，非广东省户籍的人口超过七成，既有来自湖南和四川地区的，也不乏来自西藏、新疆等边远地区的人口。外来人口的职业构成也十分多样化，涉及各行各业，主要是从事基础性服务工作的人，也有附近高校的大学生。杂质性的人口，也带来了开放多元的生活方式，这里遍布各种便利店以及来自五湖四海的餐馆，如天津包子、武汉热干面、兰州拉面、柳州螺蛳粉、隆江猪脚饭、重庆酸辣粉、沙县小吃、潮汕肠粉、杭州小笼包、东北饺子等。

（四）环卫政策：搭上发展的"顺风车"

为使城中村住宅区划落后、设施陈旧、人居环境较差的情况有所改观，当地有关部门从20世纪90年代开始就认真部署"中心村规划"。到21世纪初，已完成审批项目60个。其中，石牌村作为7个试点村之一，率先开展了"试点村"改造建设。在这一时期，石牌村能够享受到区政府的市政基础设施投入，而无须为市政配套费、有关税费自掏腰包。

2015年12月，中央城市工作会议明确：力争到2020年基本完成现有城镇棚户区、城中村和危房改造。这意味着城中村改造的春风再度吹来了，而石牌村的环卫事业在随后几年中确实也搭上了城中村改造的"顺风车"：2017 年 7 月 20 日，石牌村综合整治工程（一期）被纳入微更新正式计划，该计划准备将村内绿荷西大街等路段打造成石牌村历史文化特色街巷。这些项目的改造资金主要来自市、区的财政，其中市财政支持 1000 万元。值得一提的是，在微更新正式计划中，仅有两个社区微改造的经费过千万元，石牌村便是其中之一。2018 年 8 月，在石牌村综合整治工程（一期）的基础上，石牌村启动了综合整治二期工程，微改造绿荷西大街、逢源大街南段和潘祠大街，工程项目包括排水管网改造、管线整治、道路规划铺设和商铺招牌飘棚改造等，总投资约 470 万元。

2018 年 9 月 11 日，广州市就城中村人居环境整治工作召开专项会议，要求结合中央反馈意见，坚决贯彻落实上级指导方针，并明确提出力争在 2019 年之前通过政府采购服务的形式，将城中村保洁工作纳入镇（街）环卫一体化管理，由专业保洁公司实施环卫作业，实实在在地提升城中村环境卫生质量。

可以看到，环卫事业最初是作为城中村改造的一个方面而享受到了政策红利，而随着城市化的进程以及近几年人居环境整治浪潮的推进，环卫事业的重要性逐渐提升，被提到了更为显眼的位置。

（五）环卫现况：两个世界

1. 村容村貌

真正走进石牌村，并未发现如学者前述研究描述的那般不堪，反而给笔者带来了一定的冲击——进村的地段十分古朴而干净，沿路的绿植与阳光相互映衬，男女老少的神情显得从容自然，颇有一番"结庐在人境，而无车马喧"的意味；然而，小街小巷则是另一番天地，幽暗、肮脏、恶臭迎面而来。大街大巷与小街小巷的环卫情况判若云泥，堪称两个世界。笔者通过对石牌村全面走访观察发现，卫生做得较好的地区包括绿荷西大街、绿荷南大街、豪居大街，以及街心公园旁边的一条小巷（由于仅有这一条小巷，因此将该区域统称为大街大巷），后来发现，这些都属于石牌村"微改造"工程的范围。有必要指出的是，本文中"大街大巷"与"小街小巷"并非绝对的好与差的对立，只是在较大程度上显示出大街大巷的环境卫生状况优于小街小巷，但是大街大巷也有极少量的地方是做得不如小街小巷的，如大街大巷上偶尔会有"牛皮癣"问题，但小街小巷基本没有；同时它们作为石牌村的共同构成部分，是存在共性的，如近年来的环境卫生均有了良好变化，且基本不存在乱贴乱画问题。

（1）路面环境卫生

路面上，大街大巷的地面石砖平整干净，基本上没有垃圾，也无积水现象。但是由于社区居民的公共环境卫生意识较低，乱扔垃圾的现象屡见不鲜，尽管这些废弃的垃圾能够很快被环卫工人回收清洁干净，但是无疑加大了环卫工作人员的工作压力。如笔者看到有位路人对正在打扫卫生的环卫工人视若无睹，弹指一挥间，指间的烟头便被扔到地上。沿街的商铺每两个就有一个下水道排水口，很好地满足了沿街店铺倾倒餐饮污水的需求，比如肠粉店可以将冲洗蒸笼产生的废水直接倒入下水道。它的道路排水口较为特别，设有一个金属斜坡及金属筛网过滤掉垃圾，密集的道路排水口有效避免了商铺乱倒污水造成路面污染的情形出现。且值得注意的是，大街大巷上配备的垃圾箱数量很多、分布密集，行人和商铺工作人员扔垃圾的话十分方便。

走进小街小巷，垃圾一下子多了起来，沿街小商铺普遍是从事外卖的快餐店，食物残渣及垃圾被直接堆放在店旁的小巷里，也有生活垃圾被扔在装垃圾的环卫车的旁边。地面上附有黑色油污，而且由于地面坑洼不平，路面还有黑色的积水，稍有不慎就会"中招"。由于城中村内部的房屋多属当地村民自建的私人住宅，缺乏统一规划，为了土地利用最大化，村民盖的房屋密集且高，基本每栋房屋都有5~6层，建筑体内部透光性及通风性差，食物残渣的味道挥之不去，夹杂着沿街商铺的炒菜烟火味和从下水道弥漫出来的恶臭味道。小街小巷垃圾乱堆乱放，在很大程度上与垃圾桶摆放数量和垃圾量不匹配有关。内巷房屋密度更高，是名副其实的"握手楼"甚至可说是"亲吻楼"，这里遍布着各色各样的外卖餐饮店，居住的人口比村头明显要多，因此垃圾的生产量更大，然而，这里的垃圾桶摆放得并不多，走到街巷尽头的转角处才看到一个垃圾桶，与村头的大街大巷走几步就有一个垃圾桶的景象形成了鲜明对比。

（2）立面环境卫生

在立面部分，主要是村内墙体的卫生情况。许多学者所诟病的乱贴乱画的现象，在当今的石牌村基本没有。出租房屋的广告基本上统一张贴于村内的布告栏处，偶有一两张"牛皮癣"，一般也都是新张贴上去的，一些旧有的"牛皮癣"虽然还留有痕迹，但是明显已经被尽力清理过。

尽管石牌村乱贴乱画的现象基本没有了，清理"牛皮癣"的工作也做得十分到位，村民也自觉维护墙面的整洁，但是，内巷房屋墙面的陈年老渍让人难以忽视。由于商铺随意倾倒污水和垃圾，其中不乏油脂及容易附着的食物残渣，最终化作了墙面上斑驳的污渍。从古至今，中国南方农村的房屋很长一段时间都是泥屋、红砖房子，这些房子都不能被刷洗或者无须刷洗，况且墙面肮脏并不影响村民的正常生活，因此农村并无刷洗房屋墙面的传统，直到改革开放后才逐渐出现外墙贴有瓷片的小洋房，这才有了清洗的可能，可是对居民而言，刷洗外墙工程量太过浩大，因此要求居民主动去清洗藏污纳垢的墙面是不现实的。

（3）空中环境方面

空中环境存在电线布置混乱的问题，但较之前有了很大的改善。因为房屋建设没有统一规范，所以石牌村的电线在很长一段时间都是纵横交错的，影响村容村貌及消防安全。但如今，石牌村的大街大巷的电线布局已得到整顿，原本细长的电线现大多以黑色的粗管包裹，看上去井然有序。但是，在大街巷的路口处及小街小巷中仍有电线交错集聚的情况，这是因为这些地区电线整顿的难度相对较大。

2. 基础设施及人员配备

（1）环卫工具配备

石牌村的环卫工具配备方面，充分体现了它作为城中村"亦村亦城"的特点。与天河区大力推进智慧环卫相匹配的是，石牌村共有 5 辆不同类型的清扫车，可以实现机器清扫路面及清运垃圾。但是，石牌村内的清扫车均是中型洗扫车，仅能够在宽阔的大街大巷上穿梭，而不能深入狭窄的内巷，对垃圾的收运也不能直接伸进垃圾桶将垃圾吸取上来。那么这些大型垃圾车没能实现的需求怎么办呢？则由环卫工人拉着较为原始的垃圾车，深入到内街内巷进行保洁，手动收取全村每个垃圾桶的垃圾。而这些环卫工人往往没有什么防护措施，徒手接触垃圾，较少看到有环卫工人佩戴手套。

（2）公厕的管理与保洁

石牌村有两个公厕：一个在石牌村牌坊入口处，是新建的公厕，比较干净整洁，入口还设有古色古香的镂空木雕装饰，内部已经实现全自动化，并无异味；另一个则位于不远处的公园内，是旧时的厕所，尚未接近就能闻到较大的异味，而且并无独立隐私的隔间，只有未及腰身的砖墙稍稍阻隔。尽管二者相距不远，但由于后者位置比较隐秘加之其卫生状况更差，新厕所的使用人次明显高于旧厕所。在新公厕隔壁是负责该公厕保洁的环卫工人的生活住所，做饭吃饭睡觉都在这里。

（3）人员配备

石牌村一共有 5 名负责驾驶清扫车的司机，40～50 名环卫工人负责村内巷道卫生，1 名环卫工人负责公厕保洁。除了负责公厕卫生的环卫工人统一归属广州市天河区卫生间管理所管理以外，其他的环卫工人及清扫车司机均隶属于广州市天河区石牌街市容环境卫生管理站。他们每日的工作时长均为 9 小时，只是负责公厕保洁的环卫工人工作时间十分零散，一般是上班 1～2 个小时，休息 1～2 个小时，如此往复。负责村内巷道清洁的环卫工人实行 2 班制，每天每一班次的每一个环卫工人需要拉 4 车垃圾，保洁负担较重。薪资方面，环卫工人的工资每月到手大概 3000 元出头。天河区为应对市容环境问题，实行驻村执法分队、环卫站、流管中心和村治保队"四位一体"联动协作模式，进村监督的频率相当高，正如村内宣传栏所言："在全市率先成立了城管执法队驻村分队，每天出动 30 余人次开展日夜巡查。"因此，村内的环卫工人经常要应对上级的各项监督检查。

3. 环卫工人与居民的人际关系

根据观察，大街大巷的环卫工人更容易与居民建立良好的人际关系，这源于环卫工人们在收取垃圾的同时帮忙清扫沿街商铺的垃圾，而商铺工作人员则会将当天囤积的可回收物（如鸡蛋纸盒、瓶瓶罐罐、泡沫板）赠予环卫工人。笔者在调研中观察到一个十分有趣的现象。有位环卫工人非常熟络地拎着扫把与垃圾铲到一家店内，帮忙扫取店内的垃圾并从店内拎出垃圾，但其实负责大街大巷的环卫工人只需要清扫路面的垃圾与收取垃圾桶的垃圾即可。而相应地，店铺的老板十分热情地与他攀谈，并附赠了一袋可回收物。这位环卫工人逐户地去收取垃圾，与各个店铺的老板都十分熟络，交谈时都是表情和善，时不时发出或轻微或洪亮的笑声。一方付出轻微的劳力，一方给予小的恩惠，营造了互帮互利的和谐氛围。

然而，在小街小巷的一位环卫工人则向笔者大倒苦水，感到不被居民理解和尊重。正如前文所说，小街小巷的卫生状况不佳，经常有居民乱堆乱放垃圾，甚至会有直接将垃圾从楼上抛到楼下这样的危险行为，还存在歧视环卫工人的现象。环卫工人与居民之间的信任度偏低。

我们做这个太辛苦了，有人（因为）一点点事情就是骂，丢了什么东西就是怪我们环卫工拿走了。我们环卫工很受气的，一点做得不好呢上面就罚款，村民丢了一点东西就不分青红皂白说是我们拿走了。一点点东西放在那里丢了，捡垃圾的人那么多，但丢了东西就是怪我们环卫工人拿走了。我们环卫工人是心里有苦但是说不出来。巷子里我们每个都要进去扫，又脏又辛苦，像人家丢垃圾有时候就从上面甩下来，有些扔到箱子里面，有些就直接砸到你头上，你说句话人家还要说你，说你叫什么叫啊，给到你们工资就是让你们怎么做就怎么做。①

七　案例分析

环卫事业的发展在石牌村是不平衡的，大街大巷与小街小巷的环卫情况呈现巨大的差异，那么这种差异究竟从何而来？回答上述问题有助于厘清城中村环卫事业的发展逻辑和内在机理，从而了解城中村环卫事业取得成功的关键及局限性。作为公用事业的环卫工作，与城市政治有莫大联系，但是以往研究往往忽视了这一角度，因此本文以城市政治的角度切入，并结合石牌村的发展历史，尝试对这种差异从根本上进行解释。

（一）现行行政体系的层级属性

2014 年，广州市委提出建设"干净整洁平安有序"的城市环境，要求各部门联合行动，把广州市的城管工作做好、做到位。正是在这样的政策背景之下，石牌村的环卫事业发展被提到了重要位置，迎来了迅速发展的时期。经评估，石牌村全面改造将超出该地区对交通的承载能力，所以石牌村的整治采取了"微改造"的形式。既然不能全面改造，石牌村改造工作的优先切入点在哪里呢？在 2016 年先批开展的工程中，位于该村主干线上的绿荷西大街、绿荷南大街、豪居大街三条主干道被最先提上议程，改造面积接近 6400 平方米，对沿街的 100 多间店铺的外立面进行了集中清理和综合整治，还对石牌村"三线"进行了整治，铺设钢绞线 91.7 公里。石牌村就这样踏上了环境综合整治的政策顺风车，成为"微改造"财政支

---

① 2019 年 10 月 19 日在石牌村对负责内巷保洁的环卫工人 A 的访谈。

持超过千万元的为数不多的社区之一，改造资金主要来自市、区财政。

从石牌村"微改造"工程示意图可以看到，一期所划定区域中的大街大巷位于进村主干道上，纳入改造范围的唯一的小巷则是通往居委会的必经之路，这些路段往往是上级视察石牌村时的必经之路，是形成石牌村第一印象的重要依据，相当于石牌村的脸面。因此街道办为了迎合上级的检查和视察，将这些路段的环境卫生工作置于重要地位。

就环卫压力来看，小街小巷是居民生活与外卖餐饮的集中区域，其垃圾产生量远大于大街大巷，卫生状况直接影响居民的居住体验，然而在资源的配置上，基层政府将资源分配到上级偏好的、容易出效果的大街大巷上去了，所购置的环卫清扫车均是中型清扫车，没有能够深入内巷的小型清扫车。大街大巷的垃圾桶十分密集，且多为外观时尚的垃圾桶，而内巷垃圾桶则较少，款式不统一，多为以前的老式长筒青色或者灰色的垃圾桶，还有用竹篓、经人工改造截断的胶桶充当垃圾桶的。

在现行行政体系下，一般由上级政府而非居民来评价环卫工作，并通过晋升激励机制和压力型体制共同作用于基层政府，保持着对基层政府的绝对性支配地位。因此石牌街道办向上看齐，而非对居住在此的直接受环卫状况影响的住客负责，这自然而然催生了象征"面子"的大街大巷和作为"里子"的小街小巷在环卫事业中的迥异。

（二）历史欠账：城乡二元化

在 1997 年以前，石牌村从村集体的收入中掏出相当一部分用于包括环卫事业在内的公共开支。1997 年，石牌村撤村改制，其原有的管理职能转移到街道办事处，与此同时，三骏企业集团公司成立。然而，改制后，街道办事处对石牌村的行政权的收回速度却十分缓慢，实际上反而更多的是三骏企业集团公司扮演了改制前的村委会的角色。

在三骏企业集团公司创设的初期，广州市天河区政府为了处理好历史遗留问题，解决石牌村集体经济股份制改革的后顾之忧，在批文中明确规定原石牌村下辖的几个经济联队组成新的居委会，隶属于石牌街道办事处。同时，为保障改制后的石牌村的长治久安，继续有效约束当地村民的生产生活行为，天河区政府要求在三骏企业集团公司中设立办公室，以做好相关过渡性工作。该办公室的主要职责是在民主法治、公开透明的前提下，同时做好征地改造、科教文卫等社区建设工作，并允许集团内部预留部分收入作为该办公室的工作经费。可见，石牌村虽然在行政建制上"村改居"了，但究其实质仍旧是"换汤不换药"，只不过管理主体从村委会换成了三骏企业集团公司，而管理方式及建设资金仍沿用原来的方式。一方面，三骏企业集团公司继承了原石牌村的各项资产和后续的经营管理职责，另一方面，三骏企业集团公司的主要领导班子由原石牌村村委会的组成人员转化而成，仍在村内的公共事务中扮演了"家长"的角色，企业披上了浓厚的行政色彩。这种不仅体现在企业与村民的密切关系上，如三骏企业集团公司时至今日仍被村民们亲切地称呼为"生产大队"，也直观地体现在企业的组织架构设计上——行政办公室的主要职能是协调处理好各居委会之间的关系，并做好三骏企业集团公司和街道办事处等机构的沟通工作，具体而言，其职能主要包括以下几块：一是协调处理好石牌村的各项村镇规划建设，二是做好街道办事处计生和精神文明建设的助手，三是承接好石牌村的各项社会福利事业，四是维持本村的安定和谐。三骏企业集团公司在经济上承担了社区性、行政性、福利性的开支，起着维系整个石牌村继续高效稳定运行的主心骨作用，这种状况持续了相当长的时间。具体到环卫工作，该公司专门厘清了办事处和行政办两个机构各自的职责，由行政办主抓策划部署，负责规划、设计等管理环节，而办事处则主抓贯彻落实，对具体的实施环节进行检查和监督。二者各尽其责，相互配合。

虽然天河区委、区政府早在 2000 年就已发布一系列的文件，明确提出："要积极制造条件，逐步将公司的社会管理职能交街道来承接，加大街道的社会管理力度。"同时明文规定了相关部门的工作范围，要求力争在 2001 年前完成包括市容环卫在内的社会职能承接。但是直到 2004 年，全村的经常性保洁工作仍由三骏企业集团公司负责，由其雇用一支包括管理层在内的共 40 多人组成的清洁队。2005 年，三骏企业集团公司社区内公共事务的支出有增无减，年平均支出约 1000 万元（蓝宇蕴，2005）。

在三骏企业集团公司负责村内环卫事业期间，由于企业代表村集体的利益，因此村民的态度及意见发挥了重要的作用。村民没有太大的动力整顿环境卫生，最终导致村内基础设施条件和卫生状况较差。村民之所以没有动力提高环境卫生工作质量，是因为有这样一个重要前提：由村民支付改善环境卫生的成本。许多村民存在这样的思考逻辑：用于环境卫生的支出增多，他们的分红就会减少。石牌村的租房市场在进入 20

世纪 90 年代后便迅速发展，即使环境差也不愁房子租不出去，村民反而会担心如果把环境卫生弄得与城区的小区一样好，小摊小贩就无法在此做生意了，升高租金后反而让房子租不出去了。再加上部分村民虽然身份转变了，但是思想观念并未转变，公共卫生意识较差，不乏随地吐痰、乱扔垃圾等行为，因此村民没有需求也无意识推动村内环境卫生的改善。

现如今，村内的环卫事务已经全面移交街道办负责管理，基础设施的建设及环卫工作者的工作均由广州市天河区卫生间管理所和石牌街市容环境卫生管理站进行管理，尽管石牌村环卫设施建设的投入不断增加，但是因为历史欠账太多，环卫基础设施无论是在数量上，还是在规模上都难以一下子达到城市建设与发展的要求，给环境卫生管理工作带来了很大的困难。其中，内巷的改造难度是最大的，在内巷区域，其设计缺乏规划，房屋密集，巷道狭窄且弯曲，直接造成卫生死角，加之人流量大，无论是电线的整治，还是垃圾桶的增设，抑或卫生保洁都并非易事，不能一蹴而就。虽然城中村的环卫工作已经收归街道办负责，但时至今日，仍有相当一部分村民的思考逻辑和思想观念还停留在三骏企业集团公司管理的时代。他们认为用于环境卫生改善的钱仍然由三骏企业集团公司负责，说到底还是花他们的钱。正如李培林（2002）所感慨的那样："村落作为一种生活制度和社会关系网络，其终结过程要比作为职业身份的农民更加延迟和艰难。"一方面，村民对环境卫生的要求并不高，尽管认可环境卫生的改善成果，但认为那是因为村民出了较多的钱，另一方面，他们也表现出对环境卫生标准提高后摊贩的境遇变差的担忧和同情。此外，部分本地村民已经从石牌村搬到其他现代化小区，对村内环境卫生状况的感知和影响很小，因此对环卫质量也不甚关注。

正因为此前很长一段时间内，政府将环卫工作的落实交由村集体负责，在管理和资金上的缺位，造成了石牌村的环卫工作面临硬件基础设施不足与软件上的村民思想意识不强的"后遗症"，这注定了城中村整顿环卫工作的难度较大，需要时间与更大的财政投入来逐一化解。在资金和资源有限的前提下，"好钢使在刀刃上"成为街道办的当然选择逻辑，于是改造难度相对低又象征村的脸面的进村主干道即大街大巷被最先提上改造议程。

城中村环境卫生恶化的另一个重要原因是大量外来人口的涌入。我国城中村的产业结构已经今非昔比，以服务业为重心，形成了一种半生产半居住的社区，垃圾总量暴增。大多数外来人口以低收入者为主（蓝宇蕴，2007），他们无力支付居住在城市小区里的高昂费用，城中村成为他们的不二之选。他们多数受教育程度有限，所掌握的人力资本、经济资本与社会资本相较其他城市居民均处于劣势，呈现年轻化与不稳定的特点，流动性较大，对于他们而言，城中村是他们融入城市的一个跳板，只是一个临时容身栖息的物理空间，并非一个真正融合各种社会关系的社会空间。居住的暂时性和人口的杂质性，导致他们对城中村缺乏社区认同，内心游离在城中村之外，对社区公共卫生事务漠不关心，在这个社会关系松散的世界里能够抛却熟人社会的很多道德约束和社会规范。乱堆乱放垃圾、歧视环卫工人等不文明现象依然存在，大大提高了城中村环境卫生管理的压力和难度。

但是从更深一层去看，大量流动人口是城乡二元化的产物：城市和农村无论在经济还是在各种公共福利上，都差异巨大，大城市往往意味着更多的就业机会、发展空间和更丰富的资源，在高歌猛进的城市化进程中，大量人口从相对落后的农村涌入城市是必然的。中国现有的保障性住房政策与户籍制度直接挂钩，保障性住房仅面向本地区户籍的居民，非本地户籍的低收入外来人口缺乏对应的保障政策来解决住房问题，进而使其融入城市主流社会的步伐变得缓慢，同时造成了大量外来人口对城中村聚居空间的巨大需求。

八 结论与讨论

通过对上文的分析我们可以看到，作为广州市内历史最悠久、规模最大的城中村，石牌村的环卫状况有了较大的改善，环卫管理已日益走上规范化、专业化的道路，尤其在整治乱贴乱画、"三线"方面取得了明显成效，并采购了现代化的垃圾桶与环卫车等设备，公厕的环境卫生也引人称赞。然而，上述改善主要发生在大街大巷，环卫公用事业的发展是不平衡的，甚至分化出来大街大巷和小街小巷截然不同的"两个世界"。这在保洁质量、环卫设施配备、"三线"整顿等多个方面均有所体现。可是，环境卫生的问题只是"冰山一角"，"海平面"下有着更复杂更深刻且影响深远的经济政治社会问题，而要从根本上解决环境卫生问题，应当着眼于这些经济政治社会问题。经分析发现，向上负责的行政体制，以及城乡二元化的环境，将持久地作用于村内环卫事业分化的形态。

正如"罗马不是一天建成的"，城中村环卫水平的提升也非一日之功，从这一角度而言，石牌村环卫公用事业所反映出来的"两个世界"实际是区域内发展快与慢、先与后的问题，然而这种区域内部的不均衡与居民的需求是不相匹配的。故笔者立足于石牌村环卫事业的分化情况以及更深层次的问题，提出以下几点对策建议，以期推动城中村环卫事业的发展。

第一，畅通居民的利益表达机制。调研发现，村民既不知道环卫工作由谁来管，也不知道是谁掏的钱，在政府实际财政支持上千万元时，他们仍停留在三骏企业集团公司管理的旧时代，认为什么都是村集体自掏腰包。因此，应当进一步提升街道、居委会公共事务的透明度并加大宣传力度，以街道、社区内开展见面会等居民喜闻乐见的形式，拓宽和畅通居民的利益表达机制。

第二，提高外来人口的社区认同感。如今对环卫的宣传并不缺乏，各种标语、电视广告、校园教学等都有宣传，可是随地吐痰、乱扔垃圾甚至辱骂环卫工人等不文明行为仍时有发生，归根结底是部分人社区认同感的缺乏，人们在社会关系松散的环境中受到社会道德和规范的约束较小。因此应当着力于在思想和教育上做好外来人口融入社区、融入城市的工作，打造社区特色和提高文化认同，以建立更加紧密的社会关系和更高的社区认同。

第三，打造适应城中村环境特点的智慧环卫体系。城中村作为半生产半居住的社区，存在大量的外卖餐饮店以及出租屋，使内巷面临更大的清洁压力，而内巷狭窄、数量多的特点又对智慧环卫的清扫车和垃圾收运车的性能提出了要求。充分运用科技的力量，设计或者引入与城中村的环境特点和保洁压力相适应的新型清扫工具，有助于清除城中村的卫生死角、大幅度提升城中村的保洁效率和质量。智慧环卫唯有与实际的需要相匹配，方可切实减轻环卫工人的工作压力，方可发挥出其巨大的效益。

最后，我们不得不去思考的问题是：城中村还能够存在多久？它们从村而来，亦村亦城，在或快或慢的城市化进程中，终将会融入城市。"消灭"城中村，实现从村到城的转变，实际上是城乡二元化到城乡一元化的飞跃，但愿这一天的到来不会太久。

参考文献

[1] 杜君、韦小青，2009，《"城中村"概念界定的研究》，《现代企业文化》第 33 期。

[2] 胡战，2010，《广州市转制社区环境卫生管理存在问题及对策》，《中国农村卫生事业管理》第 1 期。

[3] 胡战，2009，《广州市转制社区环境卫生管理存在问题及对策》，《中国初级卫生保健》第 8 期。

[4] 蓝宇蕴，2005，《都市里的村庄：一个"新村社共同体"的实地研究》，生活·读书·新知三联书店。

[5] 蓝宇蕴，2005，《对改制公司"办"社区的思考 广州城中村撤村改制个案研究》，《社会》第 2 期。

[6] 蓝宇蕴，2007，《我国"类贫民窟"的形成逻辑——关于城中村流动人口聚居区的研究》，《吉林大学社会科学学报》第 5 期。

[7] 李津逵，2005，《城中村的真问题》，《开放导报》第 3 期。

[8] 李俊夫，2004，《城中村的改造》，科学出版社。

[9] 李立勋，2005，《城中村的经济社会特征——以广州市典型城中村为例》，《北京规划建设》第 3 期。

[10] 李培林，2002，《巨变：村落的终结——都市里的村庄研究》，《中国社会科学》第 1 期。

[11] 李小云、许汉泽，2016，《阶层重构与倒置：我国城市化进程中社会分化的新趋势——以 B 市 G 城中村为个案》，《贵州社会科学》第 1 期。

[12] 李钊，2001，《"城中村"改造途径的思考》，《安徽建筑》第 3 期。

[13] 刘吉、张沛，2003，《"城中村"问题分析与对策研究》，《西安建筑科技大学学报》（自然科学版）第 3 期。

[14] 罗增祥，2008，《广州市"城中村"环境卫生治理研究》，华中农业大学硕士学位论文。

[15] 彭善民，2009，《优势视角下的城中村环境卫生治理》，《福建论坛》（人文社会科学版）第 9 期。

[16] 戴维斯，乔纳森·S.、英布罗肖，戴维·L.，2013，《城市政治学理论前沿》，何艳玲译，格致出版社、上海人民出版社。

[17] 谭启宇、岳隽、胡宝清、陈水森，2005，《深圳的城中村及改造实践启示》，《热带地理》第 4 期。

[18] 吴智刚、周素红，2005，《城中村改造：政府、城市与村民利益的统一 ——以广

州市文冲城中村为例》,《城市发展研究》第 2 期。

[19] 邢晓雯,2013,《底层跳板——广州石牌村演义》,《世界建筑导报》第 3 期。

[20] 徐子涵、成官文、付弘源、卢国丹、王浩、覃平,2012,《桂林市"城中村"资源、生态、环境问题及对策》,《桂林理工大学学报》第 2 期。

[21] 杨勇、王彩波,2013,《西方城市政治学的兴起与发展、局限与启示》,《政治学研究》第 3 期。

[22] 曾礼祥,2016,《深圳市城中村环境卫生治理研究》,华中师范大学硕士学位论文。

[23] 张福磊,2015,《城市发展的政治学:国内外理论考察》,《广东行政学院学报》第 6 期。

✦ 后 记

写后记时,我内心有一种如释重负的感觉,尽管我感到文章并不圆满,但我且享受这份喜悦之情吧。写作过程中,我感到我写的并不是一篇报告,反而更像是为这个城中村正名的诉状,因此诚惶诚恐,唯恐有疏漏之处,恨不得将全部所见所闻诉诸笔下,与此同时又深感自己笔力的稚嫩和对理论把握的粗浅。但是无论如何,能够从实践出发,打破一贯的认识,于我而言,已是十分自豪了。

在关于环卫事业的实地调研中,我走访了天河区的多个区域,包括政府所在地员村、CBD 一带、岗顶一带以及石牌村。天河区作为广州最繁华的地带和智慧环卫的先行者,各个区域的环卫事业都给我留下了深刻印象。而其中,石牌村最令人印象深刻:它光鲜的"面子"和堪忧的"里子"让我萌生了一探究竟的冲动。于是乎,将其选定为我的调研对象后,我再次前往石牌村。与第一次不同,也许不是周末的缘故,我看到了与之前不一样的场景——热闹、阳光、干净,而且因为是自己一个人,所以可以随心所欲地把整个村都走了一遍并仔细阅读了村的公告栏。最后,发现了一些之前没有注意到的现象,对石牌村的认识也更加客观而全面。

由此,我深刻地认识到实践的重要性,这也启发了我在写作中融入对历史和动态发展的认识。现实世界从来就不是一本打印好就一成不变的书,而更像是一片海,在不同的时间不同的阶段折射出不一样的光辉,变幻出不一样的浪花。而如何在纷繁多变的世界中保持理性客观,摒弃先入为主的偏见，把握住历史长河中某一个过程的意义，把握事物的本质和发展规律，需要保持对惰性的警惕，需要沉下心来去感受去洞察。这次调研的收尾并不是结束，更像是为我打开了一扇窗，我会好奇窗外那边还有什么，或许哪一天又会再次出发。

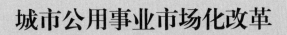

城市公用事业市场化改革

制度选择理论下的中国电力行业市场化策略抉择

——以 J 省电改为例

高沁云[*]

摘　要：本文基于制度选择理论，将 J 省能源集团自 2002 年以来的市场化改革路径和经验作为深入"新电改"的立足点，通过对 J 省能源集团内部管理人员的访谈，对供电侧、输配电侧和售电侧有关电能交易的三个环节进行分析，发现 J 省能源集团传统火力发电受环保要求、燃料成本等多重压力困扰，国有资本在 J 省电改中仍扮演主要角色，并在电力现货市场建设中具有绝对优势，输配电过程中的垄断情况没有发生改变，J 省电改本质是不完全的市场化。基于此，本文对改革中存在的问题提出解决对策与建议，指出电力关系民生和经济社会发展，电力改革涉及多重环节和多个主体，需循序推进各环节变革。

关键词：电力行业　市场化　制度选择

一　问题的提出

电力行业作为基础行业，是城市公用事业的重要一环。2019 年我国发电装机容量已超过 20.1 亿千瓦，全年全社会用电量超过 7.23 万亿千瓦时，电力行业的有序发展关系着千家万户的光明和我国经济的平稳运行。我国电力行业的发展已有百年历史，经历了从无到有的发展历程。2002 年，我国电力行业进入市场化改革阶段，而在此之前，我国电力行业主要由国家

---

* 高沁云，中山大学政治与公共事务管理学院行政管理专业 2022 届学士，剑桥大学政治与国际研究系发展研究专业 2022 级硕士研究生。

垄断经营。

目前，我国在发电环节实行"厂网分开，竞价上网"模式，从发电和电网两大板块对国家电力公司管理的电力资产进行划分，并逐步推进社会主义市场经济体制下国家电力现货市场建设。市场化改革不仅是促进我国电力行业加快发展的方式，也是电力行业以及类似相关城市公用事业的发展方向和趋势，电力行业的改革将对水利、电信等行业的市场化改革提供经验借鉴，具有推动城市公共服务供给多元化、提升城市公用事业建设水平、实现城市发展资源配置高效化的作用。

电力行业市场化改革的研究可以从供电、输电、配电和售电这四方面着手进行分析。每个环节涉及不同的主体，其中供电侧的主体发电厂相较于其他环节各主体之间的互动情况，呈现同各个环节的改革均关系紧密、互动更为频繁的特点。进入 21 世纪以来，我国的电力行业市场化改革首先从供电侧入手，并逐渐向中后端推进。本文以"新电改"为背景，立足电力现货市场试点省份之一 J 省的最新电力行业市场化改革现状，探究市场化改革情况与存在的问题，剖析目前电力市场化改革策略选择的深层原因，进而对改革困境提出解决建议，以期提高我国电力企业市场化改革的综合水平，为其他领域城市公用事业市场化改革提供参照。

二　文献综述

公用事业在传统经济学理论中被认为具备外部性、垄断性和公共性等特征，具有显著的规模经济和范围经济特点，为民众提供基本生活保障和国民经济运行的重要基础设施和准公共物品，承载保持社会稳定发展、实现城市基本功能和提供基础公共服务的职能（任晓聪、和军，2016）。城市公用事业的市场化实践最早从西方国家开始。20 世纪 70 年代，受经济发展滞胀困境影响，一些西方学者开始对传统官僚政府及凯恩斯国家干预主义进行质疑和批判，对公用事业服务是否应当加入市场化因素的问题进行实验性探索。随后，英国在 80 年代率先进行公用事业市场化尝试，通过打破公用事业领域行政垄断等方式引入市场化因素，缓解公共财政压力，并带动其他国家开始在此方面的探索。美、法、德等欧美国家在财政压力驱使下积极尝试政府主导、自由市场推动及公私合作等方式推动本国公用事业市场化发展进程，并取得一定成效（高旺，2006）。

随着各国在城市公用事业供给方面的市场化变迁，刘佳丽、谢地等学者将城市公用事业发展变化历程总结为：相对自由且规则缺失时期、遏制垄断且规则强化时期、市场化推进与规则放松时期、竞争与再规制兼顾时期。

无独有偶，受城市公用事业的技术性特征和特殊历史背景影响，中国城市公用事业发展和西方国家此前在此方面呈现的发展情况相似，整体表现为政府投资、垄断经营和供给，并长时间处于政府垄断经营的状态下（谢地、刘佳丽，2015）。西方国家的有益尝试与经验积累，为中国提供了一定的借鉴。在现有研究中，一些学者同样将我国城市公用事业的市场化实践整体上分为四个阶段。

在电力行业层面，出于电力对我国经济发展乃至社会有序运行重要性的多重考量，我国电力行业市场化改革进程相对滞后于污水处理、公共交通、环卫清洁等领域的市场化进程。首先，电力行业的普遍服务特点要求电力经营企业在经营、执行的过程中，要保证所有用户都能以合理、可承受的价格获得可靠、持续的基本电力服务（王俊豪、高伟娜，2008）。在我国高度集中的计划经济时代和改革开放初期，政府在我国城市公用事业中承担着投资、供给乃至管理的多重职能，公用事业由政府全面掌控，政企不分情况普遍存在。公用事业缺乏活力，经营管理改革滞缓，部分国有企业财政压力巨大、亏损严重，却不存在破产倒闭的风险（房德良，2010）。

自20世纪80年代以来，出于电力行业发展适应我国经济发展，更好服务社会、满足社会需求的目的，电力行业开始针对每阶段的实际需求进行市场化尝试。我国政府开始放宽相关公用事业领域准入限制，通过引入境外资金、先进技术和有益管理经验的方式弥补我国城市公用事业领域建设资金不足、技术和管理方式滞后的短板。这一阶段，我国电力行业的主要矛盾是电力行业政企不分，电力产能落后于经济发展的实际需求，为实现政企分开、引入民间资本、提高电能供应水平等目标，第一次电改得以实施。电力行政管理职能与电力国有企业功能的分离成为改革的关键，地方电力行政管理体制改革，改变一元化产权行政结构，明晰国有企业产权，重构国有资产管理及其经营体制成为改革的重点方向（柳群，1996）。

21世纪初我国电力行业电力过剩、供需矛盾缓解，为推动供电侧的有序发展，并为之后售电侧的竞争提供可能，实施第二次电改刻不容缓。

2003 年中共十六届三中全会提出要"允许非公有资本进入法律法规未禁入的基础设施、公用事业及其他行业和领域"，2004 年《市政公用事业特许经营管理办法》发布，允许对部分原属于国有的公用事业进行资产清算，并实行对外租赁承包，以畅通民间资本进入渠道。政府开始有意识引导、鼓励民间资本参与到公用事业建设、运营中，并强化政府的监督职能，公共部门在公用事业的投资和经营上受限增多。第二次电改以后，由于售电侧、输配电侧和售电侧均缺乏真实的市场主体，多数国有发电厂对市场价格变化和真实市场需求反应迟钝，因此市场化成果并不显著，多重问题浮现。由于国家电网在输电、配电和售电等环节具有垄断地位，真正的电力市场尚未形成（刘满平，2015）。而在其他城市公用事业领域，由于缺少对市场重复建设、过度分割以及经营主体短时间内大量涌入情况的应对机制，政府监管难度随之提高，资源浪费严重，众多公用事业租赁项目经营惨淡，影响社会效益、社会形象，最终出现"逆市场化"情况，政府终止合同、高价回购一部分公用事业。

2014 年开始，在新经济形势下，多个相关部门开始牵头推进 PPP 模式，尝试通过 PPP 模式降低财政债务和经济下行风险。基于 2002 年电改仅实现发电企业厂网分开，但电网公司仍垄断终端电力消费市场的背景，我国电力领域并没有选择 PPP 模式作为新电改方向。2015 年，新一轮的电力行业市场化改革正式启动，本次电改在电力配售的电力现货市场建设方面着重发力。

目前国内关于电力行业市场化研究的相关文献，多集中于中国尚未实施电力现货市场改革试点的 2016 年之前。针对我国电力行业市场化改革面临的困境和实际存在问题，王俊豪、高伟娜（2008）指出，电力行业出于实现普遍服务的目的，实行的传统交叉补贴和现行政府补贴呈现强烈的计划经济特征，由国家电网承担，国家、地方政府和电网企业共同筹资实施普遍服务的形式只能被看作一种过渡方式，市场主导实现电力普遍服务具有必然性。肖丹萍（2016）通过自然垄断视角对中国电力行业改革进行分析，认为未来应当开放资本进入以实现售电主体多元化，并提出了建立差异化的售电主体准入和退出机制的想法。丁伟斌（2008）通过对我国电力交易制度法制化保障构建的论述，认为我国的电力市场改革应当进一步完善竞争机制，其中重要的一步就是法制上的规范。同时，国内一批学者借鉴西方各国的电力市场建设经验，认为我国电力行业市场化进程中普遍存在融资困难、长效机制缺失、电力公司和用户互动效果不理想等问题（张国新、王蓓蓓，2008），应当逐步培育市场化售电主体、坚持立法先行并逐渐建立市场环境下电力普遍服务实施机制，更多保障用户的选择权与各售电公司的竞争公平性（张晓萱等，2016）。

此外，电力行业问责、监管制度的缺失是其市场化过程中呈现的突出问题。电力行业的运行具有一定的特有规律，其有效有序建设的前提是电力管理部门能够制定系统性、科学性和权威性的电力规划。但事实上，电力体制在改革后长期没有明确的专门机构负责制定规划，实践中行政命令往往取代规划，规划可遵循性弱，规划时间过长，不具有长效建设的指导性（房德良，2010）。对此，王俊豪、高伟娜（2008）建议，应当建立电力规划动态调整机制，明确负责电力规划的常设机构，追踪计划实施情况并进行适时调整，在建立普遍服务基金后，要进一步明确普遍服务基金的补贴对象、基金来源和运作方式，必须通过引入竞争机制提高电力行业的科学管理水平。另有一些学者强调政监分离的重要性，增强国家电力监管委员会的监督权，将社会公平目标和环境保护目标纳入统一的监管框架中，政府补贴在短时间内仍将具有必要性，但电力定价必须真实地反映电力生产的所有成本，建立清晰的输配电价格核算体系，防止过度补贴进而影响企业自主创新（唐松林、任玉珑，2008）。

总体来看，我国自20世纪90年代开始推进公用事业市场化变革，城市公用事业在市场结构、企业制度、资金来源以及运营主体等方面进行的变革取得了一定进展：多种所有制企业进入城市公用事业的投资和经营环节，"政企分离"基本实现，特许经营制度全面推行，政府职能转变与投融资体制建设得以推进，反映市场和价值规律的公用产品价格形成机制亦逐步确立。但由于缺少来自宏观视角的顶层设计，一些地区在尚未对当地市场化条件做出完全分析的情况下，盲目开放当地市场，导致原有的垄断经营方与市场方经营关系混乱，城市公用事业建设并未取得理想结果，甚至引起社会层面的矛盾，影响公用事业既有形象，迫使政府"再次国有化"（谢地、刘佳丽，2015）。作为城市公用事业的重要组成部分，当前国内在电力领域的研究多集中于电力行业市场化阶段性问题以及电力现货市场具体展开方式上，多以提高生产效率、多元主体公平竞争等方面为研究目标，忽视电力行业作为民生保障性城市公用事业的保障性和公共性，缺少公共治理角度的制度性分析视角。2017年电力现货市场进入具体执行阶段以来，关注点多集中于产权公平、营销环境塑造领域，没有考虑到电力行业市场化改革的本质属性与政府行动逻辑。

三　理论基础与分析框架

（一）理论基础

制度选择理论的代表学者威廉姆森在科斯的基础上对交易成本的决定因素进行了深化和发展，将理论架构设置在新的人性假设之上，认为交易成本产生的主要动因是"契约人"的有限理性和机会主义行为，交易成本的客观增加，使得根据交易过程的特点进行交易方式的选择成为必要。此外，资产专用性、不确定性和交易频率均被视为会对交易成本产生影响的因素。

资产专用性　威廉姆森将资产专用性解释为在保证生产价值的条件下，资产可用于不同用途和由不同使用者利用的程度。资产专用性对事前和事后的激励与治理结构均会产生影响。在交易中，一方或双方的资产投入情况以及契约关系的连续性将对交易双方产生极大的影响，交易的提前或终止都可能对双方或一方的资产净价值造成极大损失。电力行业具有典型的高资产专用性特征，供电侧的发电设备需要巨额前期投入，输配电侧要求在全国范围内实现全覆盖式的电路电线铺设同样需要高昂的成本，当这些资产改变用途时会导致大规模的资产贬值。

交易的不确定性　既包括在交易发生前难以准确判断的偶然事件和交易双方信息不对称产生的不确定性，也涵盖事先能够进行推测，但预测成本或对契约采取相应措施成本太高，进行取舍所导致的不确定性。针对不同的不确定性，交易成本较低的合约安排往往会被人们采纳。

交易频率　指交易发生的次数。交易频率并不会对交易成本的绝对值产生影响，但是会通过各种方式影响交易的相对成本。同仅发生一次的交易相比，交易频率相对高的交易更容易促成治理结构成本的降低。这与供电侧企业一直以来试图建立完善的中长期交易市场，而在售电侧政府致力于推动电力现货市场改革，以完备的交易市场模式提高各供电企业竞争力、为用电者提供议价基础，同时避免高交易成本的改革方向不谋而合。

交易成本理论中的关键议题之一是契约的执行环节，在资产专用性、交易不确定性和交易频率基础上，威廉姆森将古典合同、新古典合同和关系契约及其对应的交易进行了详细的划分。

古典合同 是一种在法律和经济上都可以看作近乎理想的契约关系，作为一次性交易，其中并没有第三方的介入。一般而言，在古典合同下进行的交易，往往包含相当详细的交易限制。

新古典合同 新古典契约关系是一种长期契约关系，在这种契约形式下，缔约双方希望建立持续性更强的契约关系，且更为强调第三方裁决管制机构的加入，在交易频率上为混合型和高度特质型的两种非一次性交易。

关系契约及其对应的交易 关系契约为经常性交易，对应混合型和高度特质型两种。专业性合作和高持续性是专业合同关心的重点，且规制结构对契约关系的调整受到契约双方的认同，其中包括双边治理合同和统一治理。

（二）分析框架

电力行业作为一项保障性城市公用事业，需要在全国范围内进行管道铺设、设备建设等，无论是供电侧还是输配电侧均要求在前期投入高额资金以保证发电、电力运输的基本需求。但当用途发生转变时，此类资产将会面临大规模的贬值风险，因此具有典型的高资产专用性特征。此外，长期以来电力行业市场化的不断推进，使电力企业愈发意识到交易的不确定性对企业发展、利润保证的重要影响。在这一考量下，一些供电侧企业会同高耗能的相关用电企业提前签署计划用电协议，以低于市场实时电价打包出售规模性电量的方式，来降低用电市场需求和配电环节可能产生的更多不确定性。基于此可以发现，威廉姆森资产专用性理论在我国电力行业市场化改革的应用具有可行性和适配性，能够较好地解释我国电力行业市场化中各主体不同策略选择的原因。

本文运用威廉姆森制度选择理论中的资产专用性、交易的不确定性、交易的频率及古典合同、新古典合同和关系契约理论，对我国电力行业市场化中出现的多种契约选择及电力企业的策略选择的根本原因进行分析，探究各主体不同行为的合理性，尝试对中国电力行业市场化的优化方向给出建议。

四 研究方法

本研究采取定性研究法、案例研究法，对我国电力行业市场化改革中存在的问题与深层次改革逻辑进行研究。

本文首先对电力行业市场化现有文献进行梳理，了解各阶段成果与面临的问题。其次，基于文献梳理结果，形成关于 J 省电力行业市场化参与企业内部人员的半结构式访谈提纲，通过深入访谈挖掘实质性改革特点，并基于访谈结果与该企业内部结构、管理方式，形成案例。采用个案研究法从供电侧视角对 J 省这一电力行业市场化改革先行省份的市场化改革现状进行具象化分析，总结市场化改革中电力企业如何应对市场化改革要求。最后，结合理论归纳我国电力行业市场化改革现状，找出电力这一公用事业在市场化改革中面对的普遍性问题，最终根据分析结果提出进一步深化改革的对策建议。

五 我国电力行业市场化历程

（一）第一阶段：国家统一管制阶段（1949～1985 年）

这一时期我国实行高度集中的计划经济体制，国家垂直一体化垄断经营，即国家垄断发电、输电、配电和售电四个环节，为国家在电力行业采取的主要经营方式。我国电力行业管理层面在此阶段经历了五次重大变革，所属部门先后经历燃料工业部、电力工业部、水利电力部等部门的数次拆分和重组。在高度集权的垄断体制下，我国电力行业以集合全国力量的方式推动了电力行业的重建和快速发展。中央全权管理全国用电，推动我国电力生产供应和电网基础设施建设，以行政垄断方式对全国电力资源进行配置。改革开放后，我国经济、物质发展水平和需求快速提高，原有的体制已经严重制约了电力行业发展的活力和动力，甚至对整体经济效益产生负面影响。面对我国工业发展对用电量需求的快速增加，部分地区电力供应严重不足，中央垄断的政企合一体制改革已然刻不容缓。

（二）第二阶段：集资办电阶段（1985～1997 年）

随着改革开放的进程加快，我国经济发展和人民物质生活条件的改善对电力行业产能提高提出了严峻挑战，国家独资办电技术相对落后和资金不足的问题急需解决。1985 年 6 月，为改善国家独家办电资金短缺的局面，国务院下发《关于鼓励集资办电和实行多种电价的暂行规定》的通知，提出"谁投资、谁用电、谁受益"的集资办电政策，供电侧集资办电的新格局打破了此前困扰电力行业的垄断局面，但在输配电侧和售电侧仍实行政企合一的国家垄断经营。输配电侧的电网调度、电力供应和使用等必须由电力行政主管部门统一按照计划执行，即在供电侧引入社会各界不同资本参与，电网仍由国家管理，对新电厂实施还本付息电价，鼓励民间力量参与电力行业建设以缓解我国电力产能不足的情况。此外，各省（区、市）成为新的经营主体，中央对供电企业的限制放宽，这有力推动了我国电力行业的快速发展。

电力资源短缺瓶颈在 1995 年已实现突破，电力供需矛盾基本缓解。1997 年我国已基本实现电力产业的自给自足，但一系列问题也接连出现，此前民间资本的进入在缓解用电紧张问题的同时也存在电厂间规模不一、选址不规范、污染物处理不达标、投资多集中于回本快但污染相对严重的火电行业等问题，这些问题导致当时我国相较于发达国家清洁发电建设脚步滞缓，经济欠发达地区电力建设远落后于东南经济较发达地区，部分地区存在输配电水平提升过慢、地区基础设施建设不均衡等情况。集资办电此时已不能满足我国电力行业作为公用事业普惠民众，照顾到所有居民、工厂的生活、生产乃至可持续发展的需求，电力行业急需进一步变革。

（三）第三阶段：小规模引进市场阶段（1997 ~ 2002 年）

为解决长期保持不变的政企合一电力管理体制所导致的电力行业技术更新缓慢、地区发展水平参差不齐、污染严重、员工缺乏积极性等多重问题，1997 年 1 月，国务院组建国家电力公司，撤销电力工业部，国家电力公司独立承担电力企业经营职责，每省只设一个省级电力公司；电力行业行政管理职能由国家经贸委承担；中国电力企业联合会承担行业管理职能。基于以上安排，国家电力公司不再具有政府行政管理职能，仅为国有性质的电力建设运营商。政府进行宏观调控，电力企业自主经营，电力行业协会监督管理的局面成型，我国电力行业的政企分开已经初见成效。政企分开的转变是我国电力事业由计划经济向社会主义市场经济过渡的重要一环，为之后的电力行业市场化改革完成进行了铺垫。与此同时，1985 年开始实行集资办电的供电侧虽存在一定问题，但也逐渐形成了多元化投资主体的竞争格局，供电侧的电力市场逐步形成。

1998年，"厂网分开，竞价上网"的供电侧电力市场化改革方案在国家电力公司推动下开始实施，上海、浙江等6个省份成为改革试点省份，"竞价上网"意味着发电厂和电力公司将作为独立主体与市场接轨，各主体自负盈亏，单独核算成本和收益，电力市场竞争体系虽未完全形成但已经具有了良好基础。2000年，我国电力企业已基本实现政企分离，一些污染严重、生产效率低下、资源配置效率高的小发电厂被整治，城市电网改造基本实现全国覆盖，电力价格得到整顿，电力市场秩序得到维护。而在输配电侧和售电侧，则由原本的国家垄断经营转为国家电力公司垄断经营，从经营模式上来看，国家电力公司仍是垂直一体化经营，仍然具有一部分的行业监管职能，控制着全国近一半的发电资产和超过九成的电网，垄断格局没有完全改变。

此外，由于部分地区电力行业的盲目发展，这一时期我国电力供给整体上已基本实现供大于求，且呈现市场竞争激烈化趋势，发电市场中缺乏更为公正的指导，集资发电厂同国有发电厂之间市场地位并不平等的多重问题凸显，跨区域输送电的发展需求亦同各省电力市场中长期以来形成、存在的地方保护主义相冲突。2002年，国家电力公司完成其管理资产的重组和划分，其中供电侧重组成立五大发电集团，电网方面设立国家电网、南方电网两大电网，国家电力监管委员会设立。

（四）第四阶段：市场化改革阶段（2002年以来）

电力需求与供应不协调、不同资金来源的不同性质的发电厂在电力市场中处于不平等地位等问题的出现，本质上是由落后于市场经济发展水平的陈旧电力行业体制造成的。在这一阶段，"缺电"问题得到缓解，主要矛盾转变为如何进一步推动发电环节良性竞争局面的形成。2002年，为进一步破除垂直经营体制，我国开始对电力行业推行市场化改革，主要特征表现为"管住中间，放开两头，推进市场化"，其重要标志是国务院出台的《关于印发电力体制改革方案的通知》（国发〔2002〕5号），该文件对市场化方向的电力行业改革目标提出具体要求，指出要初步建立电力行业的竞争体系：以供电侧五大国有发电企业为主的国营电力企业与民营电力企业、外资电力企业一起形成市场竞争格局；输配电侧由国家电网公司和南方电网公司实行垄断经营；售电侧逐渐向社会资本开放经营。这一改革方案进一步突破传统垂直一体化，完全打破我国此前的电力工业体制，实现厂网分离，全过程垄断经营的体制和模式将得到彻底变革，为市场化改革指明了方向。此外，国家成立电力监管委员会，依据国家颁布的法律法规对整个电力市场的发展实行全面的监督管理。2005 年，《电力监管条例》发布，该条例的发布与实施，进一步推动了我国电力市场监管制度的多元化。2013 年，中共十八届三中全会出台的《中共中央关于全面深化改革若干重大问题的决定》表明，为全面深化改革应完善和充分尊重市场定价机制，对电力等领域放开竞争性环节，推动实现效益最大化和效率最优化，提高重要公用事业等领域政府定价的透明度，接受社会监督。此时的电改目标主要为如何做到电力供应的"安全"与"经济"，进而从发电侧竞争开始逐渐实现零售市场化的目标（刘满平，2015）。

2015 年，国务院出台《关于进一步深化电力体制改革的若干意见》（中发〔2015〕9 号），该文件希望能在健全的法规制度下引入市场竞争机制，促进电力行业高效快速发展，进一步破除行政垄断，实现彻底的厂网分离，按照"管住中间，放开两头"的原则，有序放开售电侧的竞争业务，新一轮电力体制改革正式开始。2016 年，多项改革文件先后发布，配套文件得到完善。截至 2016 年底，全国已有 23 个省份加入电力体制综合改革行列，其中广东、浙江等主要区域的改革推进情况走在全国前列。2019 年，国家发展和改革委员会起草出台《关于深化电力现货市场建设试点工作的意见》，要求进一步完善建设方案和配套衔接机制，推动建立以中长期交易为主、现货交易为补充的电力现货市场，加快供电侧和售电侧在电量和价格方面市场化改革进程，同时明确在南方（以广东起步）、浙江、福建等 8 个地区开展电力现货试点，售电侧市场化竞争进一步形成。

2020 年末，随着电力体制改革的持续推进，国家能源局印发《发电企业与电网企业电费结算办法》，进一步细化承兑汇票相关条款，缩短结算时间，提高电费结算及时性、准确性和规范性，细化电费结算流程，该文件对促进电力中长期交易和电力相应服务市场的建设发挥了重要作用。

六　案例分析

作为全国电改历史进程中的先行试点省份，J 省的电力行业改革经验对全国电力行业的整体改革均具有现实指导和经验借鉴意义。下文将对 J 省电力行业改革市场化进程进行具体分析，将 J 省电力行业龙头企业之一 J 省能源集团有限公司（以下简称"J 省能源集团"）自 2002 年以来的电改路径和经验作为深入"新电改"的立足点，同时通过对 J 省能源集团内部管理人员的访谈，了解 J 省供电侧、输配电侧和售电侧改革情况，探究供电侧电力企业在电改中所扮演的角色，并对电力行业市场化路径结合威廉姆森制度选择理论进行具体分析。

（一）J 省能源集团发展情况简介

作为电力行业改革的先行省份，2001 年 2 月 J 省人民政府批准原 J 省电力开发公司、J 省煤炭集团公司两大能源和电力国有企业组建成立 J 省能源集团，其业务范围在涵盖两大企业原涉及板块的基础上进行发展，包括电力生产、煤矿投资开发和天然气开发利用等板块。电力相关业务由 J 省能源集团控股的 J 省能源电力股份有限公司（以下简称"J 省能源电力"）负责。

作为省国资委全资国企，J 省能源集团 100% 由 J 省控股，下有 35 家控股公司。从 J 省能源集团的官网财报可知：2013 年 3 月 26 日，J 省能源集团与中国建设银行在 H 市签署全面战略合作协议，建设银行将为 J 省能源集团提供总额 350 亿元的意向性授信和融资，满足集团在省内、宁夏、新疆、安徽和香港等地项目建设的融资需求。这是近年来 J 省能源集团获得的最大一笔外部融资。

2013 年 12 月 19 日，负责 J 省能源集团火电发电业务的 J 省能源电力股份有限公司在上海证券交易所 A 股正式上市，其中母公司 J 省能源集团控股 68.47%，具体情况见表 1。

表 1　2020 年 J 省能源电力股份有限公司股东持股情况

单位：亿股，%

股东名称	持股数	持股比例
J 省能源集团有限公司	93.13	68.47
中国证券金融股份有限公司	4.07	2.99
河北港口集团有限公司	2.12	1.56
中央汇金资金管理有限责任公司	1.11	0.82

股东名称	持股数	持股比例
工银瑞信基金—农业银行—工银瑞信中证金融投资有限责任公司	0.76	0.56
大成基金—农业银行—大成中证金融资产管理计划	0.76	0.56
中国华能集团有限公司	5.73	4.21
J省兴源节能科技有限公司	5	3.68
中欧基金—农业银行—中欧中证金融资产管理计划	0.76	0.56

资料来源：天眼查，https://www.tianyancha.com/company/59618538。

通过表1可知，J省能源电力通过上市的方式实现融资，吸纳民间散户和多个企业进入，但是从持股企业成分来看，进入企业多为中国证券、河北港口等国有企业，而类似于金融资本的股东也多为具有官方背书的银行资本。虽然J省能源电力通过上市实现了资金来源的补充和持股企业的多元，但是从资本来源上看，仍然以国家资本为主，民间资本进入仍存在一定壁垒。

（二）供电侧

1. 市场电：竞价上网

供电侧电网中的电可分为市场电和计划电，市场电即"竞价上网"的部分电，计划电则为供电侧企业与高耗能企业间签订的协议电。结合网上现有资料、J省能源集团内网文件和对J省能源电力下属地方分公司的访谈发现，"竞价上网"是近十年来，J省内供电侧的重大调整——从原来的机组发多少电，电网就输送多少电，到分公司定价，再统一在省内电力系统内部竞价系统上进行比价，最终总体按照"价低者得"原则进行"上网"指标分配，由国网J省电力有限公司根据市场实际需求决定对不同报价的供电企业下发发电配额。这就意味着在兼顾发电成本的同时，各个电力企业只有尽可能降低自己的每度电报价，才能在省内有限的电力资源市场内得到尽可能多的配额，提高销售量，从而提高企业效益。在讨论电力行业市场化改革对供电侧企业目前产生的影响及其运作模式时，负责协助交易中心、调度中心及国网工作的一位J省能源电力地方分公司R姓副总经理表示：

对我们企业影响最大的电改还是2004年的"竞价上网"，如果说以前我们的生产模式是"有多少发多少、发多少就上多少，每度价格固定"的话，做竞价上网我们就引入了更多市场化因素。现在每个发电企业都需要自己核定电价，然后报送省内的电力竞价系统进行比价，再在总体上根据"价低者得"的原则上网分配，这个就属于配电侧的范围了，主管的单位是国网 J 省电力有限公司。也就是说，在原来的基础上，每个电力企业除了要顾及自己的发电成本外，像燃煤、设备维护费用等都包含在里面，还要尽可能降低自己的报价，不然就拿不到配额，电卖不出去，这个发电企业的收益肯定就不好。

报价直接影响企业的卖电情况，也就是企业收益，所以我们作为供电侧同时也是售电侧肯定希望能够多卖电，但是具体怎么报价我们其实也是一直处于摸索的状态……总的来说电力企业肯定不缺具备电力专业素养的人才，但是市场化方面我们的知识储备还是相对不足的，需要进一步适应。①

对 J 省能源电力而言，如何调整报价策略仍是困扰企业未来发展的一个问题。在访谈过程中，另一位担任分公司报价员职务的受访者亦有提及近年来其曾代表分公司参与了集团研究课题，J 省能源电力目前仍在致力于研发最新的报价策略，但是面对"新电改"所提出的要求，对于一众供电侧企业而言，目前仍然是"摸着石头过河"。

2. 计划电：高耗能企业优先供电协议

此外，除去居民、经济活动等使用的市场电部分，为进一步实现电力资源的上市流通，R 副总表示：近年来电力企业也开始通过和高用电企业签订合同的方式，进而达到最大限度地满足社会用电需求的目的。当然，此类"合同电"对 J 省能源电力而言也能起到提升企业效益的作用。

电力市场中的电力需求是在不断调整的，比如白天的用电量一般会比晚上高很多，如果晚上生产那么多电量的话，电作为不可储存的能量就会在电路中被损耗掉，同时也会提高电压进而对用电电器造成损坏。所以为了节能，究竟有多少"市场电"在某个时间点需要被生产出来，我们都是根据实际电力市场需求不断做调整的。但是白天和

---

① 2021 年 1 月 15 日在 J 省 L 市对 L 市发电有限责任公司相关负责人的访谈。

晚上的用电需求量差别是非常大的，为了保障所有机组都能够平稳运行，也就是维持在50%负荷率以上，我们也会跟一些高耗能生产企业合作，签订一些合同电，这一部分电不属于"市场电"，价格相对可能还会更低一点，然后和这些企业商议在晚上用电量较小的时候开工。①

就电力企业和高耗电企业签订合同而言，这一举动对双方都有好处：由于电能的不可大量保存的特点，电力企业与电力公司之间往往根据随用随输的原则进行发电和输电，即当电网内流通的电能大于企业、居民等主体所需要的电量时，电网内的电压将会随之升高，电压的升高将会对居民、经济生产活动正常用电带来设备损坏、引发短路等安全风险；而当电网内所生产的电能低于市场目前需要的电能时，则会导致电压下降，经济生产设备、生活基础用电设施无法高效运转，从而导致资源使用效率下降，影响居民、经济生产活动的正常运行。

供电企业的高资产专用性也使其在经济生产活动中往往更需要连续性合约的保障。对于供电企业而言，每台机组的建设投入动辄数亿元，高昂投入的背后也对合约提出了相对高的要求。电力企业同高耗电企业之间签订合同，将会有助于电力企业的平稳运行，也会从一定意义上降低电力企业的运行成本（下文将会详细分析），同时对于高耗能的电力需求企业而言，通过签订购电合同，其可以获得电力企业许诺的电力资源优先分配，从而保障其生产运作的正常运转，也能够从实际意义上降低其企业生产的基本成本。

3. 火力发电、煤炭资源供给与码头

对于火力发电而言，煤炭资源无疑是流淌在电流中的"血液"。讨论煤炭资源的稳定供给问题时，R副总将J省能源集团的煤炭资源补充方式分为三类加以说明：

> J省能源集团除了电力业务外还有一块主要业务就是能源……比如我们在安徽、江西一些产煤的地区也有自己投资的矿场，用来支持火力发电的需要……还有一部分煤我们会和其他能源集团建立中长期

---

① 2021年1月15日在J省L市对L市发电有限责任公司相关负责人的访谈。

合作关系，其中一个主要合作对象是神华集团。当然这个中长期合作不是说每年一定要跟他们用一样的价格买等量的煤，煤炭资源的价格浮动是很大的，所以我们是每年签合同按照当年度的煤炭市场价格和实际发电需求向他们买煤，这部分煤占比较高……煤一般通过水路运输，少部分会通过铁路运输，J省的港口还是比较多的，我们的很多电厂都是临海建设，一方面是为了方便用水，另一方面也能够建设自己的码头，卸煤运煤都会比较方便……至于如果两大块的煤炭资源供应还是不能满足需求的话，我们也会买一些市场煤，用招投标的方式采购，这样的话我们的选择余地会很大，还有澳大利亚这些国家的煤我们都可以买到。①

根据访谈内容可知，J省能源集团采用了三种不同的方式以保障煤炭资源的有效供给。①统一治理：J省能源集团内部下设有专属的煤炭资源分公司，由于J省煤矿资源匮乏，J省能源集团与江西、安徽等地政府合作，投资入股当地煤场，为J省能源火力发电提供一定原料保障。②双边治理：内部的煤场规模相对较小，并不能保障J省能源集团火力发电所有的用煤需求，从2013年开始，J省能源集团与大型国资能源集团——神华集团，建立长期战略合作关系。根据访谈得知，由于每年煤炭价格的波动较大，J省能源集团与神华集团之间往往选择每年依据市场价格签订新合同的方式进行当年度的煤炭交易，这对神华集团而言能够从一定程度上保障当年度产煤的正常销售；而对J省能源集团而言，作为具有保障性质的城市公用事业，电力行业更需要稳定生产向社会各界无差别提供充足的电力能源以支撑社会生产、居民生活的正常用电，因此与具有国企背景且在产能和质量方面相对更具保障的神华集团建立中长期合作，能够为其火电生产提供相应保障。同时，双方的合同根据每年的具体煤炭市场价格和实际电力需求量进行调整，为双方都留有了调整的空间。③市场治理：当内部煤厂产煤和神华集团供煤仍未能满足当年度的煤炭资源需求时（此类情况时有发生），J省能源集团将会通过市场购入煤炭资源，通过招投标方式补充火力发电所需的煤炭资源。

此外，结合自然环境保护要求与J省"能源双控"要求，具有国有资

---

① 2021年1月15日在J省L市对L市发电有限责任公司相关负责人的访谈。

本性质的 J 省能源电力也被赋予了一定的环境保护社会责任，而受访者 R 副总则将其称为"国企担当"：

> 神华集团是国内大型国企，从合作角度来看我们可能会觉得合作更有保障……一旦我们买不到符合我们需求的市场煤，不光对企业运行产生影响，对整个社会其实都会产生负面效应。另外，在 J 省的"能源双控"要求下，优质煤相对难购买，因为国有电力企业的环保技术相对来说还是比较先进的，所以我们会消化更多可能质量没有那么好的煤，国企这些担当还是要有的。①

此外，正如上文提及的那样，虽然 J 省煤炭资源短缺，但却拥有漫长的海岸线和发达的河运。因此，J 省的发电厂往往沿海、沿河设立，拥有自己的码头，方便随时装卸来自北方、内陆船运而来的煤炭，这亦是统一治理的表现。

4. 实质上为不完全的市场化

根据上文可知，在输配电过程中，市场电只有通过市场竞价的方式才能进入电网，由于 J 省目前仍有部分发电厂基础建设、技术革新进程落后，这些在市场中缺乏竞争力的发电厂不能贸然停工，所以 J 省仍有很大一部分电能通过"计划"的方式进入电网。对于供电侧而言，在新旧老厂建设水平参差不齐的情况下，如果目前盲目推进完全的市场化建设，显然会对整个电力市场造成巨大的冲击和挑战。因此，纵然市场化改革是发展的最终方向，J 省电改仍不能操之过急，只能循序进行，在中短期时间内保持不完全的市场化状态。

（三）输配电侧——并非完全实行市场分配

1. 国家电网对低负荷机组的"特殊照顾"

电力具有特殊的不可保存性，当其生产出来进入电网之后，如果没有得到及时的使用，将会导致无效的电力损耗，会对资源产生巨大的浪费。而对于一般煤电企业而言，当一台机组的负荷率低于其实际负荷率的 50% 时，同样会造成机组本身的设备损坏，其维修成本将会是极为高昂的，因

---

① 2021 年 1 月 15 日在 J 省 L 市对 L 市发电有限责任公司相关负责人的访谈。

此一般供电企业在其机组负荷率低于50%时，往往会选择关停该机组。但是之后如果需要重新开启机组，则又将会是一笔高昂的支出，且这一支出将会远超同等条件下维持机组最低正常运行负荷率的成本。基于此，作为J省能源电力地方分公司电力报价员的受访者提到了一个目前在J省乃至全国范围内广泛存在的"计划电"现象：

> 近几年火电机组功率提升较快，在新电厂我们引入了很多大功率机组，除去购买设备的费用，大功率机组在生产效率和生产成本方面肯定要优于小功率机组。但是我们还是有很多年头比较久的老电厂，虽然一直说要技术革新，但是不可能马上就全面推广……对这些老电厂就不能完全按照"价低者得"的原则来配额，价格战它们没有优势，所以会给这些老电厂一些"计划电"的指标，保证机组能够以最低负荷率运行。如果机组负荷率低于一定水平一般就会采用停运机组的手段，但是机组停运后重启的费用是很高的，所以我们一般不会停运机组，给它们一些"计划电"的配额，用于保证正常运行的最低负荷要求。①

也正是在这样的先决背景下，尽管目前J省电力市场以广泛实时"竞价上网"的市场竞争原则对电力资源进行分配，但对于一些技术、设备相对老旧，没有得到及时更新的电力企业而言，电力公司会在给配电的环节中给予价格不具优势的供电企业一些少量配额，以保障该供电企业部分机组的正常运行。从这一角度看，在输配电环节中，并没有实现完全意义上的市场竞争，仍然保留垄断色彩，电力公司在这一环节非市场化的话语权得到保留，也给一些老旧电力企业提供了产能升级过渡的喘息机会。

2. 煤电的"让路"

在输配电环节，火力发电企业常常需要在电网的调度下为特殊清洁能源发电"让路"。近年来，随着科学技术的进步，J省电力行业开始发展更为环保、清洁的特殊能源。依托J省多丘陵的沿海地形，J省着重发展潮汐能、水能等清洁能源电力。相较于火力发电，清洁能源发电具有一定特殊性：以J省S核电站为例，其以核能这一清洁能源作为原料，在具有清洁、环保、高效等优势的同时，核能供电的供电量调整是非常缓慢的，这

---

① 2021年1月18日在J省T市对J省能源集团某H姓报价员的访谈。

也意味着如果单纯以核能作为用电的主要能源，难以应对上文提及的市场供电需要根据需求量变化的要求。因此当讨论到特殊清洁能源与传统火力发电是否会存在季节性的供电量调整时，R副总表示：

> 火电总体上是需要照顾清洁能源发电的。J省的水电在夏季会比较多，风电是依靠风能产生的，稳定性比较差。核电和火电不一样，它的效率非常高但是没有火电能那么快做到产能调整，它的产能调整是非常缓慢的。这类清洁能源电除去前期投入，发电成本要比火电低很多，而且对环境的影响也要小很多。所以大力发展清洁能源是有根据的，在配电时电力公司也会优先考虑特殊能源电，能够比较快实现产能调整的火电就要给这些特殊能源电让步了。①

在电力公司配电的过程中，因为潮汐电、水电、风电和太阳能发电等特殊能源供电具有时效性特点，所以仅以特殊能源供电难以保障供电的有序平稳进行。基于火力发电产能供应调整快的特质，依托煤炭资源进行火力发电的火电厂往往为特殊清洁能源电做出调整，或者可以说是"让步"。

3. 垄断情况仍然存在

此外，与全国情况相同，目前输配电仍由国家电网和南方电网全权把控，尚未引入市场机制。这也与电力在这一环节的高资产专用性、交易频率高、不确定性高的特点有关——在现代生活中，电力与居民日常生活、经济社会正常运行密不可分。这一使用特质意味着在尚不具备较高监管水平的当下，如果贸然引入市场化因素，一些边远乡镇的输配电需求就难以得到完全满足。当电力的稳定性、安全性和公益性因为电力市场化因素而受到损害时，无疑会对社会经济发展、居民正常生活和生产造成负面影响。基于此，输配电侧的交易特殊性决定其仅能通过双边治理的方式进行，由政府与国家电网之间签订长期稳定合同，让国家电网实施输配电。

（四）售电侧——建立电力现货市场

不同于2002年开始推行的供电侧改革，售电侧的市场化改革仍处于起步阶段。近年来，J省积极响应国务院相关文件号召，将售电环节从国家

---

① 2021年1月15日在J省L市对L市发电有限责任公司相关负责人的访谈。

电网的职能中剥离，建立电力现货市场，加强电力现货市场与售电市场的衔接，推动售电环节市场化改革的平稳健康发展。2016 年 J 省电力交易中心便在此背景下成立，其主要负责 J 省电力市场交易平台的建设、运营和管理，组织市场交易，提供结算依据和相关服务，负责电力交易相关的合同汇总管理，市场主体注册和相应管理，披露和发布市场信息等工作，未来将起到简化供电侧企业工作内容，分担输配电侧环节压力的作用。

随后 J 省电力体制改革综合试点方案与电力体制改革工作要点等文件接连发布，这些文件对 2020 年电力市场化交易规模提出了明确要求：在 2020 年底提高到 2100 亿千瓦时（其中，普通直接交易 1700 亿千瓦时、售电市场交易 300 亿千瓦时和现货市场交易规模 100 亿千瓦时）。截至 2020 年底，J 省将放开钢铁、煤炭、建材、有色金属冶炼、交通运输、仓储和邮政、信息传输、软件和信息服务共计 8 个行业 10 万千伏及以上电压等级用户全电量参与售电市场交易。从访谈中得知，根据 2021 年初的结算情况，J 省售电市场交易规模在 260 亿千瓦时左右，落后于计划要求。

在结算模式方面，目前 J 省已按照"交易价格 + 输配电价 + 政府基金及附加"的"顺价"模式在 2020 年进行了两次试运行，其出发点为通过试运行完善结算模式，形成结算示例，平衡各方利益，构建起"多买方，多卖方"的售电市场格局，并逐步制定、完善一套复杂的电价规则。同时为了实现与电力现货市场的有机对接，政府鼓励售电企业与发电企业之间按照尖峰、高峰和低谷的分时定价模式开展电力中长期交易。整体上，J 省电力现货市场将实行"双差价合约"，即政府授权合约与市场出清结果进行差价结算，以避免在市场起步初期电力企业利益调整过大导致的市场波动，使市场平稳有序运行。

1. 民营售电公司进入壁垒较高，参与主体仍以国有资本为主

按照 J 省"供售一体"的改革方向，尽管当前在 J 省电力交易中心完成注册的售电公司已有 110 家以上，但实际参与到售电环节的企业仍然以长期以来占据 J 省主要电力市场的五大能源集团和 J 省电网为主，针对这一现象，代表地方分公司多次参与集团内市场化、报价讨论的 H 姓报价员表示：

> 目前为止，我们单纯讲售电公司注册的话，在整个 J 省内现在大概有 110 多家，这里面绝大部分实际上是没有参与交易的……更多的

就是一个看客的角色，实际参与交易并不多，绝大部分还是以五大发电集团或者说电网的一些企业为主，基本上都还是国有的。①

对于目前售电公司数量众多，但实际参与售电的企业仍然以国有企业为主，J省主要电力市场的主体并没有因为售电公司的增多而发生预期性转变的现象，H姓报价员也给出了一些个人的观点：

> 民营售电公司参与难度大的一个重要原因是J省2020年引进的是一个"顺价"的模式，不同于江苏或者广东的售电模式，J省的进入壁垒相对来说更高一些，也有时间紧的问题，例如：操作的时间大概只有一周，民营售电公司没有足够的人力和资源进行前期准备。第二个原因就是在采用"顺价"模式之后，峰谷交易也是分开的。峰谷电是单独结算的，而且还设置了一系列的门槛，比如说对于"谷电比"其实是有要求的，因为按照规则，其算出来以后，如果"谷电比"超过50%，基本上就没有发电厂愿意承接了，因为这样对于发电厂来说成本会很高，不利于企业的盈利。②

"顺价"模式和峰谷电分开定价的合约对民营售电公司而言较广东、江苏模式进入门槛更高。且J省在电力行业改革方面的进程相对较快，一些改革存在时间紧、任务急、要求高的情况，正如访谈中受访者所说"民营售电公司没有足够的人力和资源进行前期准备"，民营售电公司在进入市场之前便已经因为自身条件不足而被拒之门外。

同时，J省实行的"峰谷电模式"也对民营售电公司的进入产生挑战。当前J省对于售电公司的"谷电比"提出要求，即"谷电比"应当低于总售电量的50%，对于需要高额成本以维持机组最低负荷的民营企业而言，这一安排已超出其成本承受范围，因此拥有国有资本背书的国有电力企业在竞争中将更具优势，民营企业受自身条件影响没有实际成为参与售电的主体。

2. "供售一体"对改革利弊共存

根据访谈和J省现行改革规则，在"发售一体"的要求下，原本的供

---

① 2021年1月18日在J省T市对J省能源集团H姓报价员的访谈。
② 2021年1月18日在J省T市对J省能源集团H姓报价员的访谈。

电侧企业同时也扮演者售电者的角色，根据自身生产情况进行报价、入市售卖、结算，相较于改革之前，供电侧企业的售电者角色更加明晰，为发电者参与市场提供平台和制度保证，进而推动价值规律和市场规律得以更好体现。但是长期以来供电侧企业同高耗电企业间签订"计划电"协议的模式没有得到本质改变，"计划电"的存在使国有供电侧企业处于上游，具有较高的议价能力，面对市场化的售电模式更具有优势，但对规模较小却有更高盈利要求的民营售电公司来说，其在进入电力市场时便处于天然的劣势地位。

3. 供电侧企业面临的多重挑战

2020年11月开始，J省电力市场现货结算开始进入试运行阶段，售电侧"电力市场"概念对于供电侧企业来说是新鲜事物，其将在人才、机器设备、物料供给、法律规则制定和营销环境等方面迎来多重挑战，电力市场改革对其而言仍处于见招拆招阶段。在人才资源方面，电力市场在原本电力人才储备的基础上提出了市场化人才的新要求，目前人才储备不足问题逐渐凸显；在机器设备方面，电力市场化没有计划经济时代对国有发电企业一些缺陷设备、市场饱和时的保护机制，对供电侧企业运行能力提出了更高要求；在物料供给方面，火力发电中最重要的煤炭资源供给情况也发生了市场化的改变，J省"能源双控指标"对企业资源利用能力提出更高要求，且由于国企往往承担了更多的环境保护职能，J省国有发电企业很难买到优质煤，燃煤仓储、管理水平也亟须改进；在法律规则制定和营销环境方面，当前J省发布的有关政策文件尚不全面，对售电企业来说同样存在制定适应企业的营销框架、营造营销氛围的挑战。

总体而言，J省现行的售电侧市场化改革一定程度上推动了多元资本组成的售电企业的进入，但是在具体执行中时间紧、要求高以及国有企业的先发优势等原因，民营售电公司具体作用发挥有限，售电侧的市场竞争仍以国有企业之间的竞争为主。而供电侧作为整个电力行业的前端部分，在售电侧的改革中处于相对弱势的配合地位，这也使得其往往处在被动应对状态。

七　结论与讨论

通过上述对J省能源集团电力板块、国家电网J省电力有限公司和J

省电力交易中心、J省电力现货市场建设情况的分析，可以看出，作为市场化改革的先行省份，J省长期以来走在全国电力市场改革的前列，但单就J省改革进程来看，其电改过程仍存在一些问题：省内电网和区域电网阻塞的情况，导致资源配置效率低下、技术相对陈旧的电力企业亟须通过技术革新、扩大产能的方式适应电改新需求；电力现货市场的建设对于许多位于前端的供电侧企业来说仍具有操作难、没有先决示范、缺少具体指导意见等问题，多数企业还在艰难地适应改革；相对于改革进程设立的时间节点，由于多方面原因，J省改革进度已相对落后于原本的制度安排，且进入壁垒没有得到质变意义上的消除，仍以国有企业为主鲜有民营企业参与。

电力行业作为与社会平稳运行息息相关的保障性公用事业，在市场化改革的过程中担负着更多的环境保护、福利公平责任。对此，在供电侧，未来全面推行市场化改革仍具有可行性，但为了改革的平稳让渡，不能操之过急，需要循序渐进；由于输配电侧涉及电网的建设以及电力产品不可存储等特殊性，同时考虑到供电侧改革不可一蹴而就的现实情况和不同能源产电之间的平衡问题，目前国有电网企业经营方式仍有合理性，但未来存在市场化调整的空间；售电侧市场化改革仍处于起步阶段，未来需要继续致力于还原电力产品的商品属性，明确电力期货市场定价模式，明晰各主体参与市场竞争规则，逐步放宽民营售电企业准入机制，推动市场化深层改革。J省乃至全国的电力行业市场化改革未来仍有漫长的道路需要摸索和完善。

参考文献

[1] 白玫，2015，《新电改方案的逻辑起点与政策影响》，《价格理论与实践》第6期。

[2] 丁伟斌，2008，《中国电力交易制度构建研究》，浙江大学博士学位论文。

[3] 房德良，2010，《我国电力工业发展若干问题的制度分析》，《中国行政管理》第8期。

[4] 甘子莘、荆朝霞、谢文锦、刘煜、潘湛华，2021，《适应中国电力市场改革现状的输电权分配机制》，《中国电力》第6期。

[5] 高旺，2006，《西方国家公用事业民营化改革的经验及其对我国的启示》，《经济社会体制比较》第6期。

[6] 何阳、李陟峰、李道强、王冬明、孙瑜，2018，《加州电力危机对浙江电力市场建

设的启示》，《中国电机工程学会电力市场专业委员会 2018 年学术年会暨全国电力交易机构联盟论坛论文集》。

[7] 胡朝阳、冯冬涵、滕晓毕、曾佳妮，2020，《关于浙江电力现货市场若干关键问题的思考》，《中国电力》第 9 期。

[8] 胡晨、杜松怀、苏娟、童光毅、王梦真，2016，《新电改背景下我国售电公司的购售电途径与经营模式探讨》，《电网技术》第 11 期。

[9] 姜浩、陈梓宏，2020，《浅析新一轮电改背景下广东电力批发市场的发展路径》，《机电信息》第 14 期。

[10] 景维民、吕垒，2015，《城镇化进程中我国城市公用事业的市场化改革研究》，《现代管理科学》第 5 期。

[11] 刘满平，2015，《新电改方案的核心、着力点及影响》，《宏观经济管理》第 6 期。

[12] 刘洋，2005，《威廉姆森交易成本理论述评》，湖南大学硕士学位论文。

[13] 柳群，1996，《对地方电力行政管理体制改革问题的思考》，《中国行政管理》第 11 期。

[14] 卢延国，2017，《浙江电力现货启幕》，《能源》第 12 期。

[15] 莫城恺，2018，《浙江电力市场研究与发电企业竞争力分析》，《企业管理》第 S1 期。

[16] 欧卫庆，2019，《浅析广东新电改对火电厂生产管理的影响及对策》，《电力设备管理》第 7 期。

[17] 任晓聪、和军，2016，《"良方"不能缺"药引"：公用事业市场化与公共管理改革协同发展》，《当代财经》第 10 期。

[18] 唐松林、任玉珑，2008，《协调监管：电力监管体制与理论创新》，《管理世界》第 7 期。

[19] 王洪良，2017，《电力体制改革背景下的电价交叉补贴研究——以浙江电网为例》，浙江工业大学硕士学位论文。

[20] 王俊豪、高伟娜，2008，《中国电力产业的普遍服务及其管制政策》，《经济与管理研究》第 1 期。

[21] 肖丹萍，2016，《中国电力行业的市场化改革研究》，中央民族大学硕士学位论文。

[22] 谢地、刘佳丽，2015，《深析政府与市场关系之困——公用事业市场化改革的中国之路》，《学术前沿》第 12 期。

[23] 袁庆明、刘洋，2004，《威廉姆森交易成本决定因素理论评析》，《财经理论与实践》第 5 期。

[24] 张国新、王蓓蓓，2008，《引入需求响应的电力市场运行研究及对我国电力市场

改革的思考》，《电力自动化设备》第 10 期。

[25] 张晓萱、薛松、杨素、屠俊明、魏哲、马莉，2016，《售电侧市场放开国际经验及其启示》，《电力系统自动化》第 9 期。

✦ 后　记

最开始着手准备报告时，关于城市公用事业我最先想到的就是电力行业，大概是因为从小生活在东南沿海地区，夏季多台风天气，每每台风过境总免不了暂时性的停电，思及公用事业对城市及居民发展与生活的重要性，我便有些"草率地"选择了电力行业作为我的研究方向。

之后确实吃了一些苦头，从行业专业性角度来说，电力行业的行业复杂性及其四个环节涉及的多方问题都使我这样一名公共管理专业的学生难以消化，在掌握电力行业整体流程、理解专业性名词、搜集材料的过程中我遇到了或多或少的困难，短时间内我阅读了行业相关的文献，在一知半解的情况下很幸运地得到了访谈业内人士的机会，很多不甚明白的问题也因此得到了解答。在访谈的过程中我得到了许多从网络及文本处难以接触到的宝贵信息，并开始对电力行业各个环节中不同主体面对的问题及其成因进行了更加深入的思考。

从完成所有访谈、将收集到的信息整理成文稿一直到最终将其撰写成为一篇不太成熟的文章，在这个过程中，如何才能将这个既陌生又熟悉的行业的市场化情况写得更清晰一直困扰着我。诚然，即便已经算得上完成了一篇报告，对于电力行业我仍然仅是一位带有城市公共治理视角的初学者，但是过程中得到的锻炼和对一个此前算不上了解的行业的印象的加深对我来说已经是十分宝贵了。与此同时，我也开始思考城市公用事业市场化进程多次反复的合理性，仅就电力行业而言它的保障性特点使其现阶段必须在政府的管理下才能实现完全意义上的服务社会，这也为其市场化道路增加了更多的挑战。因此，作为初学者的我希望能够有机会站在更专业的视角来看待中国城市公用事业的市场化进程。

最后，由衷感谢给予我帮助和宽容的老师、访谈对象与同学们，如果没有得到这样的理解与包容，我大概很难坚持完成这篇文章。

市场化的城市公交为何会回归自主运营？

——以 H 省 S 市公交民营化改制为例

黄晨馨*

摘 要：城市公交供给模式的选择关乎公共交通系统的整体运行。本文以 H 省 S 市公交民营化改制为例，探讨公交系统改革为何从市场化回归自主运营的道路。研究发现，参与主体在合同签订与执行时期互动能力的不足、边缘主体反对性策略引起的互动关系的变化是解释风险分配效果不佳的两个重要因素，而包含市场与科层领域竞争准则的冲突、试点改革与整体系统的冲突、职能部门面临的制度约束等要素在内的结构性制约则是推动公交事业回归自主运营的一个关键变量。

关键词：公交民营化改制　风险分配　结构性制约

一 问题的提出

随着我国城市化的快速推进，城市建成区的面积不断扩大，城区居民人口不断增多，城市公用事业发展面临的压力与日俱增。在这种背景下，"渐进的市场化"逐渐成为城市公用事业发展的选择，从政府单一的供给模式逐步走向多元供给模式。

1980 年以来，公私部门合作开始在世界各地得到广泛实践，相较于传统的政府投资与提供的方式，市场化模式通常被认为可以降低成本，扩展融资渠道，提高管理效率，并能对市场和受众做出灵敏的反应（陈玲，2014）。在这种观念的影响下，2002 年 12 月 27 日，建设部颁布《关于加

---

* 黄晨馨，中山大学政治与公共事务管理学院行政管理专业 2022 届学士，武汉大学政治与公共管理学院行政管理专业 2022 级硕士研究生。

快市政公用行业市场化进程的意见》，首次提出鼓励社会资本、外国资本参与城市市政公用设施建设。在该意见的指导下，公交、环卫、供气、供暖、水务等各类市政公用行业纷纷走向了市场化的道路，出现了市场化改革的浪潮。

然而，市场化改革中暴露的问题引发人们对于市场化改革及新问题解决路径的重新思考，多类市政公用行业又经历了回归自主运营的阶段，一度出现了收归国有的回潮（李克诚，2012）。

公交行业作为典型的市政公用行业，直接影响着市民的日常出行。2002 年 S 市展开城市公交系统的市场化改革，率先落实建设部《关于加快市政公用行业市场化进程的意见》的要求，但是一度被看作先行之举的改革却在 5 年后以收回特许经营权而宣告失败，其他省市的公交市场化改革大多也相继以失败告终。

放眼整个城市公用事业领域的市场化浪潮，公交行业并非唯一一个重回自主运营道路的行业，当初实行市场化改革的行业先后走向自主运营的道路，这不禁引发人们的思考：被认为具有诸多优势的市场化供给模式为何在城市公用事业领域失效？为何城市公用事业在尝试了一遭市场化的改革后又回到了科层体制中运作？市场化的终止意味着公私部门合作的核心理念并没有在实际运行中得以很好地实现，风险并没有如期在网络内部实现最佳分配，而城市公用事业市场化改革最终回归自主运营则让人思考城市公用事业的发展是否面临一种相对稳定的难以突破的结构性约束。本文意在以 H 省 S 市公交民营化改制为例，从公交这一典型的城市公用事业出发，尝试从风险分配和结构性约束两个角度回应上述问题，以探究影响城市公用事业发展的深层次原因，以及在这些因素的影响下，面临巨大压力的城市公共服务的供给模式该如何实现优化，进而在一定程度上为公共管理的未来方向与选择提供借鉴。

二 文献综述

（一）文献回顾

1. 城市公交市场化改革

在公私部门合作盛行的背景下，我国多地于 20 世纪末 21 世纪初进行了城市公交系统市场化改革的探索。王欢明、诸大建（2011）以长三角城市群为例，指出城市公交服务的市场化改革及民营资本的引入有助于提高企业的市场竞争力，进而提升公交系统的运营效率，并在一定程度上影响当地政府治理模式的选择。城市公交 PPP 合作的动因来自民营资本和政府的共同意愿，政策解禁、资本保证和前景看好成为民营资本进入公交领域的原因，而政府也能从合作中获益，缓解财政压力（杨涛、霍强，2017）。

针对城市公交行业的公益性，袁方（2008）认为市场化体制会对政府公共服务价格产生扭曲，全面的市场化运营会对社会的公平性产生负面影响，为解决公平与效率之间的矛盾，需对公共服务价格的监管机制加以创新，改单项指标监管为综合性指标监管，改对企业事后监管为全过程监管，并定期考核和评估。王健、刘红岩（2011）则指出城市公共交通市场化改革中极易产生三对矛盾：促进竞争与加强规制的矛盾；政府卸去财政负担与承担公共责任的矛盾；企业利益与公共利益的矛盾。因此应重构中国城市公共交通行业政府微观规制，动员社会力量参与规制过程，并对其行为规范加以确定。从 H 省 S 市公交民营化改制出发，刘伟（2009）认为此次改制失败的原因在于思想观念的束缚、公益性与市场性的失衡、政府缺乏有效的监管、政府的诚信约束机制不够健全以及政策支持力度不够。

2. 公私部门合作中的风险分配

公私部门合作的核心概念是风险分配原则，即将风险分配给最有动力去影响该风险因子的一方、最适合预期该风险因子或对其发生进行反应的一方以及最适合吸收该风险的一方，旨在通过风险在公私部门之间进行最佳的分配以实现资金的最佳使用价值（陈玲，2010）。但这一原则在现实中面临诸多约束，在有限理性下无法全面测量和最佳分配风险，在有限合约下无法完全防范机会主义造成的风险回置，难以保证公共利益，而政府在二重角色下仍然是潜在的最终风险承担者，无法实现风险的真正转移（陈玲，2014）。

有学者从网络治理的分析框架出发，探讨公私部门合作中风险分配失败的原因，分析指出公共部门与私人部门的异质性、公私部门之间的互动能力、公众策略引起的权力关系的变化以及现行交往规则均是影响风险分配的要素，公共部门在两者的权力关系中容易处于弱势地位，导致某些适合私人部门承担的风险无法从公共部门向私人部门真正转移，而公众对抗性的策略将会使风险转移回公共部门（陈玲，2011）。

3. 职能转变中的结构性制约

政府对外的市场化或社会化改革，其本质是职能转变，即职能从政府向社会的横向放权，而政府购买服务的"市场化—逆市场化"的回潮本质上则是职能的恢复。"职能的转移过程是不同职能部门互动的场域。其互动的结果是不彻底的选项。……职能转变是一个脱嵌过程。……改革的反复与职能的恢复很可能固化而非破解现有结构性的非对等关系。"（陈玲等，2020）

城市公共交通与政府行政管理体制、城市土地规划与利用、城市交通管理紧密相关，其职能部门反映出管理主体和资源配置权力的碎片化。一方面，与公交运营直接相关的交通站点的规划权、用地的审批权、基础设施的建设权分别隶属于规划部门、国土部门与建设部门；另一方面，由于涉及道路的通行及相关政策的补贴，公交系统又与公安部门、财政部门有密切的联系。在2008年交通运输部组建之前，对管理权力的相互争夺和对管理责任的相互推诿甚至成为交通部门和建设部门的常见现象（朱文英，2009）。

（二）文献述评

现有文献对于公交市场化的形成动因、产生的矛盾以及失败的原因已做了大量丰富的研究，也针对公私部门合作中的风险分配原则及分配失败的原因做了深入的探索，有部分研究关注行政职能的功能本质，以解释我国行政改革反复现象的内在逻辑。但现有文献对于城市公交市场化改革失败原因的阐释大多缺乏理论支撑，且未涉及体制性的分析。本文意在结合H省S市公交民营化改制的案例，借鉴已有文献中的网络治理部分要素——参与主体的互动能力、边缘主体策略引起的互动关系的变化，去分析该市公交市场化改革终止的原因，并尝试从结构性制约的视角去分析城市公交"市场化—逆市场化"的现象，以期在一定程度上弥补现有城市公交市场化改革研究的不足，并检验相关研究成果在城市公交市场化改革领域的适用性，进而在一定程度上探索城市公用事业所具有的共性问题。

三　理论基础与分析框架

（一）理论基础

本文以H省S市的公交民营化改制为例，意在探究两个问题：市场化供给模式为何在城市公用事业领域面临瓶颈？城市公用事业在市场化改革失败后为何又回归自主运营？针对以上问题，本文的分析框架借鉴以下概念与视角：网络治理视角下有关风险分配中参与主体互动能力与边缘主体策略的概念（陈玎，2011）；职能转变中有关结构性制约的视角（陈玎等，2020）。

1. 参与主体互动能力与边缘主体策略

网络治理理论包含参与主体、战略、资源、目标、互动和权力关系的重要概念。其中，参与主体是指直接推动公私部门合作的主体，公共部门和私人部门基于各自所拥有的资源，签订合同，达成依赖与合作的关系，以实现双赢。参与主体的互动能力体现在签订合同时期，以及合同执行时期的谈判过程当中，包括防范对方的机会主义的能力以及高谈判能力。边缘主体是指公私部门合作中除去主要参与主体的利益相关者，包括中央部门、公共部门的上级部门、相关部门、使用者和民众等。当边缘主体采取对抗性的策略时，往往会对公私部门合作产生重要影响（陈玎，2011）。

2. 结构性制约

行政改革的本质是职能的转变，包括职能从层级体制内自上而下的纵向放权，以及从政府向社会的横向放权。政府在行政改革与职能转变过程中会遭遇来自市场、社会、立法、司法以及央地关系等多方面的结构性制约，这些制约必然为改革带来结构性的反向阻力。同时，部门作为职能转变最重要的行动者，在结构性制约下也往往采取迂回妥协的策略。因此，在二者条件的共同作用下，转变的职能往往会出现恢复现象（陈玎等，2020）。

（二）分析框架

早前学者已经指出公私部门合作的核心是风险分配原则，因此，本文的第一个问题就是讨论为何城市公用事业领域公私部门合作中风险分配效果不佳。为回答这一问题，本文意从参与主体的互动能力与边缘主体策略引起的互动关系的变化这两个变量出发加以解释。针对第二个问题，本文意从结构性制约的视角出发，具体从市场与科层领域竞争准则的冲突、试点改革与整体系统之间的冲突以及职能部门面临的制度约束三个方面展开分析（见图1）。

这两个问题反映的是以公交为代表的城市公用事业供给模式选择过程

中的连续性问题。前者反映的是在日益增长的压力下已有的城市公用事业供给模式的创新性尝试，后者则反映的是在该创新性尝试遭遇瓶颈后城市公用事业何去何从的问题，归根结底均是探索城市公用事业的供给模式该如何优化，以应对城市化带来的压力。

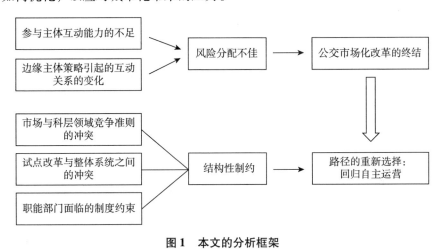

图1　本文的分析框架

四　研究方法

本文采用案例研究方法，以H省S市公交民营化改制为例，研究本文提出的问题。一方面，由于城市公用事业的领域十分宽泛，不同的公用事业有着不同的特征，因此不大可能在一份研究中穷尽所有的公用事业领域，而公交作为典型的城市公用事业，较早在全国范围内展开了市场化改革，能够在较大程度上代表城市公用事业发展的整体态势；另一方面，H省S市是全国最先实行公交民营化改制的城市，后续进行公交市场化改革的城市会在一定程度上借鉴S市的改革措施，同时S市公交市场化改革中的公交司机停运事件引起了社会的强烈关注，因此选择该案例对于研究公交领域的市场化改革具有一定的典型性。

在数据收集方面，由于疫情原因，通过实地调研与访谈进行一手数据的收集具有较大的困难，因此本文主要采用文献法，通过检索与本文研究问题相关的文献以及有关该案例的各方媒体的报道材料，多方面还原H省S市公交民营化改制的全貌。

五　案例介绍与分析

（一）案例介绍

1. 城市公交发展历程及政策变迁

新中国成立后，我国城市公交一直由国有企业运营，公交服务完全依赖政府财政供给。随着改革开放的深入，国有企业发展日益面临效率低下的困境，1998年中央全面推开国有企业改革，1998～2003年成为国企改革的攻坚期；同时，1994年的分税制改革以及1998年的金融危机使得地方政府面临较大的财政压力。在这些背景下，地方政府逐渐在市政公用行业领域谋求市场化的出路，从政府单一供给模式转向多元供给模式。2002年12月27日，建设部颁布《关于加快市政公用行业市场化进程的意见》，全国各地市政公用行业出现市场化浪潮，公交则是其中一个重要的领域。2005年9月23日，《关于优先发展城市公共交通的意见》明确提出，要积极按照市政公用行业改革的总体要求，通过特许经营制度等方式鼓励社会资本参与公共交通投资、建设和经营，推动行业改革，加强市场监管，以提高服务水平。随后，多个城市开始了公交的市场化改革。然而，几年之后，公交的市场化改革却相继以失败告终，并出现了收归国有的回潮。近些年来，国家不断强调城市公共交通优先发展的地位，加大政府财政投入，并由部门行为上升为政府行为，交通运输大部制改革不断深化，公共交通管理职能不断明晰。2012年12月29日，国务院颁布《关于城市优先发展公共交通的指导意见》，强调了公共交通的优先发展地位，并提出一系列重要政策，这标志着我国城市公交行业进入新的发展阶段。《城市公共交通"十三五"发展纲要》则明确提出到2020年，要初步建成适应全面建成小康社会需求的现代化城市公共交通体系，深化城市公交行业体制机制改革，并对城市公交企业服务质量进行定期考核，考核结果作为获得城市公交发展政策支持的重要依据。

在中央政策的指导下，S市推出了地方性的政策和自主改革措施。2000年，S市委、市政府发布了《关于进一步深化国有企业改革的实施方案》。2000年8月26日，市政府印发了《关于进一步放开搞活国有中小企业若干意见》的通知，S市国企改革全面铺开。2002年，S市一半以上的国有企业完成了改制，为进一步扩大改制面，S市委、市政府决定以公交集团为试点，推动该市市政公用行业的市场化改革。2003 年 3 月，M 出租公司和 S 市政府正式签订股权协议书，标志着 S 市公交公司的全面改制。然而在接下来短短 5 年的公交民营化运作过程中，四次公交司机集体罢运事件直接导致了 2008 年公交公司的特许经营权被收回。随后，S 市注册成立了国有公交集团，重新接管该市的公交行业。2010 年 10 月 21 日，S 市人民政府印发了《关于优先发展城市公共交通的若干意见》，同国务院颁布的相关意见相比，S 市的政策文件中并没有涉及拓宽融资渠道的内容。

在公交市场化改革形成全国性浪潮之前，北京、上海等大城市于 20 世纪 90 年代就已经进行了公交市场化改革的尝试。1998 年，北京公交系统开始最大规模的重组。1999 年，由北京市公共交通总公司等共同组建的北京巴士股份有限公司被正式批准成立，该公司于 2001 年成功上市，为未来公交企业的发展提供了一个方向。然而，几年后，2006 年 6 月 30 日，北京巴士股份有限公司发布公告对相关资产进行置换，不再承担城市公交业务，自此，北京市公交行业的全面市场化改革宣告终结（许诚，2007）。1996 年，上海在全国首次学习"香港模式"，将市场机制引入公交行业，推动城市公交的市场化改革，并于 2002 年深入完善公交体制改革，但随着 2009 年 6 月 2 日上海三大公交公司的股权转让和资产重组，上海全市公交行业运营重新回归国有控股模式。

2. H 省 S 市公交民营化改制历程

（1）改制前夕

2002 年，H 省 S 市委、市政府决定率先推动城市公交系统的市场化改革，以此深入推进该市市政公用行业领域的企业改制。早在 2000 年 8 月，S 市国有企业改革便已经全面铺开。截至 2002 年 3 月底，在全市应纳入改制范围的 913 家企业当中，已有 464 家企业完成了改制，改制率达到 51%（余洪初等，2002），当下 S 市政府则意在将公交公司这一市政公用行业领域的国有企业作为改制的典型，以表达自己的力度和决心，推动全市国企改革的步伐。

随即 2002 年 6 月 7 日，S 市委、市政府邀请 M 汽车出租公司的董事长张某和几个 W 市企业家一行到 S 市考察投资项目，早在 1985 年涉足 W 市公交行业并在多个城市投资公交的张某当即对 S 市委书记赵某提出，愿意投资 S 市的公交运营。2002 年 11 月，S 市政府成立了由建设局、体改办、市政府办等单位组成的联合工作组，正式启动公交公司民营化改制项目。

2002 年 12 月 7 日，双方签署了收购 S 市公交总公司的意向书。2003 年 3 月 24 日，张某的 M 汽车出租公司和 S 市政府正式签订股权协议书。该年 4 月 29 日，S 市公交集团有限责任公司揭牌成立，S 市公交行业全面改制，其运营主体由事业单位转变为民营企业。

（2）市场化的运作

根据签订的协议，张某以 3931 万元的价格收购 S 市公交公司的国有产权，并以每年 800 万元的经营费和附加费等，买断 S 市公交 18 年的特许经营权。新公司成立后，原出租公司与原公交公司内部员工分别持有 68% 及 32% 的股份。针对这一改制，S 市政府对新公司做出一些约定，包括至 2003 年底，S 市政府将取消全市为数众多的中巴车，将中巴车线路纳入城市公交，为公交发展创造良好的环境，但并未出台具体的管理办法。

改制后，张某先后三次扩大资本投入，占有股份从 68% 增至 95.96%，并陆续投入 2800 万元购买了 110 余辆公交空调车投入运营。大多数原有职工以买断工龄的方式，成为新公司的员工，实行"底薪 + 提成"的工资制，其中提成由公里提成与收入提成构成。

S 市企业改制的重要参与者对此次公交的民营化改革表示出了极大的热情。2003 年 3 月 23 日 S 市委常委扩大会议上，市委书记大力赞誉公交公司改制对该市企业改制起到的成功典范作用。体改办主任则向记者表示公交公司的改制对优化 S 市的投资环境起到了典范作用，"以大开放、大改革促进大发展，这是 S 市委确立的政策。基于此，政府主要抓两件事——招商引资和国有企业改革"。

然而，这一场先行的市场化改革却在 5 年间引发了 4 次公交停运事件，对 S 市居民的日常出行产生了较大影响。

早在公交民营化改制的筹划阶段，担心失业、害怕工资得不到保障成为不少工人沉重的思想包袱。2002 年 12 月 11 日，S 市公交司机以集体罢工的方式表达了对公交民营化改制的担忧，全市公交线路因此停运一天。为缓和原有职工的紧张情绪，S 市政府从公司现有的 7000 万元净资产中拿出了 4870 万元，给 1510 名在职职工、内退职工和离退休职工分别发放一次性补偿金、生活费和生活补贴，以及办理职工养老和基本医疗保险等。

2003 年 6 月，由于工资保障等问题并未得到根本性的解决，集体罢工事件再次上演，持股员工也纷纷要求退股，给公交公司施加了巨大的压力。

2008 年 1 月 11 日，一名公交车司机收到自己 2007 年 12 月的工资单，显示为 221.82 元，而扣除各项费用后的月收入仅剩下 11.8 元，这迅速激发了其愤懑之情，1 月 12 日清晨上班时间以公交车围堵车场大门。这一消息迅速扩散至三个公交分公司的职工群体当中，并得到全体公交司机的响应。截至 1 月 12 日中午，全市公交停止运营。这次停运持续了两天，使得 S 市的公交系统陷入瘫痪，出行深受其扰的市民不断拨打市长热线 12345。在压力之下，市委、市政府成立工作小组专门处理此次事件，S 市市长则表示，将在广泛征求职工意见的基础上，对有违劳动法规定的规章制度加以整改和完善，并对工人工资予以提高，司机们的诉求终于得到了回应。

然而不久后的 2008 年 4 月 15 日，S 市再次发生公交司机集体罢运事件，全市 27 条公交线路的 368 辆公交车停运，城市交通陷入瘫痪。事发当天，S 市委召开常委会，决定收回公交集团公司的城市公交特许经营权，由 S 市政府副秘书长担任公交公司"临时党委书记"，接管公交公司财产，冻结企业账户，这一举动标志着 S 市公交市场化改革的终结。随后，依照 S 市政府的初期计划，S 市政府将首先出资 6000 万元，注册成立国有独资公交公司，条件成熟后，经政府批准，新公司可向社会公开转让部分股权，但仍由政府控股，不改变公司的国有性质。

（3）双方说辞

针对 S 市公交集团有限责任公司的难以为继，张某表示自己的接手使得公司在初期由亏转盈，获得了较大的利润，2003 年、2004 年两年公司经营收入分别达到 6700 多万元、7900 多万元，各盈利 106 万元、119 万元。此前未改制的公司除去 550 万元的财政年度补贴和 330 万元应交未交的营业税，实则处于一种明盈暗亏的状态，2002 年全年亏损达到 760 万元。而造成自己公司由盈利转向亏本的关键节点在于 2006 年油价的暴涨，2003 年至 2006 年三年间油价由每升 2.6 元迅速涨至每升 5 元以上。相应地，政府却并没有履行其应尽的责任，仅于 2006 年与 2007 年两年提供了总计 619 万元的油价补贴，未能兑现"公交优先"的承诺，中巴车数量未减反增，也未按照《关于优先发展城市公共交通的意见》的规定，对公交公司承担的包括老年人、残疾人、学生等群体乘车优惠在内的社会福利费用予以补贴，这导致了公司随后三年的亏损额分别达到 500 多万元、900 多万元和 700 多万元。

S 市市建委副主任则表示合约的履行出现问题，是公交公司未能按时

兑现年均 800 万元的特许经营权转让费，违背合同在先。况且市场的变化
与宏观政策的调整本身便难以预料，仅凭一张合同不可能穷尽所有的变化
并提出应对措施。2006 年油价的暴涨以及 2005 年《关于优先发展城市公
共交通的意见》的颁布是双方签订合同时均没有预料到的事情，因此合同
上也并没有针对企业的油价补贴与社会福利补贴做出明确的规定，政府本
身也没有履行相关责任的依据，执行起来难免存在政策上的障碍。事实上
即使在没有相关条款的规定之下，S 市政府也已经支付了两年的油价补贴。

在双方各执已见的境况之下，企业运营成本提高的问题未能得到及时
有效的解决。市物价局曾尝试将公交票价从 1 元提升至 2 元，但遭到市民
的强烈抵制，最终妥协为 1.5 元。在成本无法从使用者身上分摊，又得不
到相关补贴后，公交公司收紧了内部职工的规章制度，司机工资不断减
少，并最终引发了停运事件，对公共利益产生较大损害。

（二）案例分析

1. 风险分配的失败

（1）参与主体的互动能力

参与主体是指直接推动城市公交市场化改革的主体，公共部门和私人
部门基于各自所拥有的资源，签订合同，达成依赖与合作的关系，以实现
双赢。在 S 市公交民营化改制的过程中，参与主体则是 S 市政府与张某的
汽车出租公司，市政府所拥有的是潜在的政治资源，可以转换为经济资
源，而该汽车出租公司拥有充足的资金和丰富的市场竞争经验。二者给对
方的印象都是可以给出可靠承诺的主体，即双方签订合同的承诺成本均较
低。从 S 市政府选择合作对象的方式可以看出，其并不是面向所有的市场
竞争者公开招标，而是政府内部做出了一番筛选，再邀请筛选的优胜者来
到 S 市考察投资项目，并表示出强烈的合作意愿。这批考察人员均是来自
W 市的企业家，其中 M 汽车出租公司的董事长更是在公交行业有着十几年
的创业和投资经验，一度打破了 W 市公交国企垄断的局面，又先后在多个
城市的相关领域有所投资。可以说在 S 市政府眼中，这批人员具有相当的
实力可以承担所分配的公交事业领域的风险，并能够提高运营效率，减轻
财政压力，同时为其他公用事业的市场化改革树立典范，优化投资环境，
进而提高政绩。而在 M 汽车出租公司一方眼中，受到 S 市政府的邀请便意
味着对方一定会给予可靠的保证，政企关系在很多情况下都是决定投资项

目成败的关键因素，与 S 市政府达成良好的合作便意味着投资成功的可能性大大提升，一旦成功未来便还会有更多的投资机会，即使不景气，政府也会利用政治资源给公交事业托底。

参与主体的互动能力体现在签订合同时期，以及合同执行时期的谈判过程当中（陈玲，2011）。S 市政府与 M 汽车出租公司在签订合同时期的互动非常和谐。从 2002 年 6 月考察至 2003 年 3 月正式签订合同中间仅有 9 个月的时间，其间原有职工因反对公交公司改制而掀起了一场集体停运风波，但 S 市政府迅速采取职工补贴等措施对该问题加以解决，这无疑又增加了双方之间隐性的信任。这也使得双方认为即使合同上没有明确双方的权利与义务，所做出的口头承诺也是可以被信任的。虽然在合同签订期间双方的互动中没有产生冲突，但从问题出现后双方的说辞中可以发现权责不明所引起的一系列纠纷正是由于当初签订的合同中没有做出明确规定。在这一时期，双方均没有展现出最佳的互动能力。一般而言，私人部门相较于公共部门会具备更高的合同管理能力和防范对方机会主义行为的能力，但是在这一案例中 M 汽车出租公司并没有体现出这种相对优势。仅从合同的主要内容来看，更多的是规定汽车出租公司的义务，如以 3931 万元的价格收购国有产权，新公司同时以每年 800 万元的经营费和附加费等买断 S 市公交 18 年的特许经营权等，而对于其所享有的权利和待遇，如"公交优先"等，仅仅以口头承诺的形式呈现，并不具有法律效力，可见其以往的合同管理能力更多体现在市场领域，当合同跨界签订时，政治因素会对私人部门的合同谈判能力产生干扰。此外，二者在签订合同时对未来形势的判断能力以及对风险的防范能力均表现出较低的水平，一个最突出的点便是油价的暴涨，因为合同中没有任何相关的规定，这导致问题发生后双方没有可以参照的文本。

在合同执行时期的谈判过程当中，M 汽车出租公司更是处于相对劣势的一方。2006 年油价暴涨后，公交公司的运营成本急剧上升，为减少中巴车与城郊专线车给公交车带来的竞争，该公司在提交给政府的报告中表达了取消 150 辆中巴车及 70 余辆城郊专线车在城区公交线路上的运营权的诉求；同时希望 S 市政府严格按照《关于优先发展城市公共交通的意见》，对公交公司承担的社会福利支出予以补贴；并要求 S 市政府落实合同规定的优惠政策，包括对油价暴涨带来的高额成本予以补贴，提供充足的公交场站等。面对公交公司提出的要求，S 市政府于 2006 年和 2007 年共补贴了 619 万元，但也难以弥补公交公司在车辆更新及其他方面的投入。而对于其他要求，S 市政府则表示"取缔中巴"并没有写入当时的协议，合同也并未明确规定给予企业油价补贴和社会福利补贴等事项。随后双方并没有就这些问题进行进一步的协商和探讨，而是以一种默认的方式将成本转嫁给了公交司机。虽然说 2008 年 4 月 15 日公交司机集体停运事件爆发后，S 市政府承担了最终的风险，但就程序而言，紧急情况下政府方也是在没有与张某充分协商的前提下，便召开会议迅速做出收回公交特许经营权的决定，并于 4 月 15 日下午向张某告知了这一决定。

（2）边缘主体策略引起的互动关系的变化

边缘主体是指公私部门合作中除去主要参与主体的利益相关者，包括中央部门、公共部门的上级部门、相关部门、使用者和民众等。在 S 市公交民营化改制的过程中，对其产生了较大影响的边缘主体主要是公交司机和市民。

由于不对等的网络结构，风险通常会在网络内的不同主体之间进行转移和分配，当边缘主体被排斥在决策过程之外的时候，往往会成为被动接受影响的一方，以及互动关系当中最为弱势的一方（陈玲，2011）。S 市政府通过市场化的方式将城市公交运营的部分风险分配给了公交公司，公交公司在运营过程中也希望将风险成本进一步转移。公交公司有三种转移成本的路径可以选择，一是通过公交票价将成本转移给市民；二是减少固定资本的经费投入，但是公交公司为了提高自己的形象、打造公司的品牌通常不会选择这条路径；三是通过降低公交司机的工资、减少隐性的人力资本将风险转移给公交司机，当这条道路也失败，公交公司的风险无法向外转移时，风险便可能发生逆向的转移，最终流向 S 市政府。S 市自决定实行公交民营化改制至最终收回特许经营权的决策全过程处于一个相对封闭的系统当中，边缘主体一直被排除在这个系统之外，这使得他们成为风险转移的首选对象。

新公司成立后，随即投入 2800 万元购买了 110 余辆公交空调车投入运营，S 市公交设备与服务质量得以提高的同时，成本也随之提高，为了收回成本，新公司首先想到的便是提高公交票价。2003 年 8 月 5 日，S 市物价局在综合考虑了多种因素后，决定将公交空调车价格上调为 1.5 元（原票价为 1 元）。然而，S 市的中巴车由于也经过多数公交线路，对公交车具有较强的替代作用，且票价仅为 1 元，因此多数不支持公交涨价的市民则宁愿去挤中巴车也不乘坐公交空调车，结果空调线路的收入比涨价前更少。面对这种情况，公交公司被迫调整票价，自2006年1月1日起，除两条特殊线路价格不变，其他线路均重新调整为1元，至2007年8月1日，所有公交线路的票价均下调为1元。这意味着关键主体尝试将风险成本转移至市民身上的做法也以失败告终。

于是公交司机成为下一个风险成本转移的对象。S市公交公司改制前，司机的月收入已在千元左右，转制5年后，物价不断上涨，一线司机的月工资却仍然在900~1000元，这包括月基本工资（500元）、公里提成（0.01元/公里）以及当班营业收入的人次提成（3%），同时公交公司将司机的欠趟费、事故费、超油费、请假管理费等费用从工资中予以扣除，折算后公交司机的相对工资待遇在不断降低。另外公交司机面临越来越严苛的规章制度，如取消职工带病休假期间的工资，且从工资中对超过一个星期病假的司机每天扣除10元的管理费，机修工人全年无休，且无加班工资。在这种风险成本的转移之下，公交司机曾于2002年12月与2003年6月采取了反对性的策略，但这种策略并没有被最大化地执行，S市政府及时采取措施进行了妥善处理。最终对风险转移过程产生实质性影响的还取决于公交司机与市民的双重反对性的策略。2008年1月，公交司机掀起了一场大规模的集体停运，S市公交系统瘫痪，市民日常生活受到极大影响并集中拨打市长热线，这无疑引起了S市政府极大的关注，随后4月更大规模的停运事件发生，S市政府在思考之下决定收回公交的特许经营权，这意味着风险最终转移到了市政府的身上。

在上述两个要素的影响下，S市公交民营化转制并没有实现理想化的风险分配，公私部门合作中的风险分配原则在实际运用中的失败意味着此次公私部门合作的结束。

2. 结构性的制约

S市公交市场不同于一般意义上的市场——由社会的需求形成，它是政府主动作为下的产物，主要表现为出售公交的特许经营权。但实际上无论是事业单位的性质还是民营企业的性质，S市公交公司一直是垄断的企业，因此，期望通过市场化竞争来提升公共服务的质量难以实现。

在这一市场中，无论是城市公交职能部门，还是民营化的公交公司，其实都处于体制化的牵制当中。对于公交公司而言，即使处于垄断的地位，这种垄断也并不能给企业带来单纯市场领域中的垄断所带来的利润，因为单纯的市场领域遵循的只是单一的市场竞争原则。作为一家民营企业，应该具有根据市场情况给自己提供的产品或服务定价的基本权利，然而，公交公司在五年之内其实一直没有定价的权利，调整公交票价必须通过物价局来进行。可以说，S市塑造的公交市场并不遵循市场的一般逻辑。从历史的路径依赖角度来看，该市场难以摆脱政府的影响，管理权限仍然保留在职能部门当中，因此并不是一种真正意义上的市场。另外，该公交公司从签订合同伊始便在潜意识当中对S市政府产生了依赖，最初是依赖政府推行"优先发展公交"的策略，减少中巴车的数量和线路，希望通过行政手段而非市场手段来减少竞争；当油价暴涨时，公交公司首先的反应也是依靠政府的油价补贴；而当2005年《关于优先发展城市公共交通的意见》出台后，公交公司又期待政府对公司社会福利成本进行补贴。这一系列的依赖行为其实是结构性制约的产物，公交公司在政府一手推出的市场中并没有太大自我发挥的空间，公司也无法通过正常的市场手段来解决自身的生存问题，而不得不依赖政府，这便使其处于一个相对被动的地位。再者，S市仅仅以公交公司为试点推行民营化改制，很容易受到整个公共交通系统反向的阻力。S市的公共交通由公交车、中巴车和出租车共同构成，其中前两者的路线之间存在多处重叠，因此仅仅推行公交的市场化改革而不对中巴车进行改革，势必会牵制公交的运营，中巴的票价牵制住了公交的票价便是一个例子，这也就不难理解为何张某会一直执着于"公交优先"承诺的兑现。

职能部门也会在一定程度上受到结构性的制约。按照S市官方的说法，这次公交改制是企业改制的一个新的突破点，第一次涉足市政公用行业，可以说这一举措具有三个好处：一是深入推进该市事业单位体制改革，优化投资环境，凸显政绩；二是回应了建设部《关于加快市政公用行业市场化进程的意见》的精神，在全国公交行业起到了先行模范作用，一旦成功可能会得到来自上级部门乃至中央部门的各种支持；三是该市公交公司明盈暗亏，民营化后确实可以在一定程度上缓解政府财政的压力。然而，民营化改制的整个决策过程始终处于相对封闭的状态，此次改革由牵头部门主导决策，其他职能部门受限于行政体制与行政级别并没有太多的话语权和提出反对意见的空间。公交民营化改制后，这些职能部门原有的职权与利益会在一定程度上受到影响，例如物价局会对公交公司提出的调整票价的要求做出回应，而不是直接去管理物价，因此职能部门一方面没有多少讨价还价的空间，另一方面自身利益也会受到一定的损害，带来的结果便是没有足够的动力推动公交的民营化改革。此外，交通管理职能部门本身的碎片化也会在一定程度上阻碍公交的民营化改制，民营化的公交公司希望政府能够减少中巴车的数量，调整公交与中巴车的线路，然而，这一过程还涉及规划部门等其他职能部门，并不是那么容易就能解决的。

这些结构性的要素共同制约着 S 市公交的市场化改革，并推动其走回自主运营的道路，重新回到科层体制中运行。

六　结论与讨论

本文以 H 省 S 市公交民营化改制为例，意在从参与主体的互动能力与边缘主体策略引起的互动关系的变化出发，分析该市场化改革为何会走向失败，即风险分配原则为何在实际运行中没有获得理想的效果，并从结构化制约的角度出发探讨为何市场化改革结束后 S 市公交行业又重新走向了自主运营的道路。研究发现，S 市公交市场化改革过程中公共部门与私人部门在合同的签订时期均表现出较低的互动能力，未能预料到未来形势的变化以及可能发生的机会主义行为；而在合同执行时期的谈判过程中，私人部门在互动中处于相对的劣势地位，其谈判能力的弱化在很大程度上源自对公共部门的潜在信任感。公交司机与市民作为边缘主体，被排除在决策系统之外，成为风险转移的首选对象，最终当二者共同采取反对性的策略时，其对整个公私部门合作项目产生了实质性的影响，并导致了风险配置最优化尝试的失败。S 市公交行业的市场化改革从一开始便受到了结构性制约，一方面公交公司难以摆脱政府的干预而不得不依赖于政府，另一方面职能部门在矛盾的境况下会对市场化改革产生反向的影响，最终推动公交回归科层。

在城市化、市场化不断深入发展的时期，城市公用事业是否可以由市场经营，其更适合于体制内的供给还是市场化的供给，下一步的改革该如何进行，这一直是争论不休的话题。现实的路径显示，包括公交、环卫等在内的多项城市公用事业均经历了从传统的政府供给到探索市场化经营再到收回国有，并向非市场化的一体化的转变。聚焦于城市公交的市场化改革领域，现有文献的解释多浮于表面性的变量，如市场化带来的问题、工人权益与抗争以及城市公用事业的公益性与商业性之间的矛盾等，而较少地从更深层次的原因上去解释公交作为城市公用事业重要的一部分所具有的共同的体制性问题，从这一角度上说，本文从一定程度上填补了这一空白。同时，将城市公交的"市场化—逆市场化"作为职能转变过程加以分析，引入结构性制约作为一个关键变量，补充了相关研究的空白。

在对策建议上，首先，公共部门在创新公共服务供给模式时，应相应地做好自身的建设，熟悉引入机制的运作规则，如引入市场机制时需要不断提高自身的谈判能力，而非仅仅运用传统的公共部门的逻辑去应对新的事物。其次，城市公用事业是一个政治不确定性较高的领域，在进行改革时公共部门需要不断思考应对潜在政治风险的举措，边缘主体的利益成为不得不考虑的因素。最后，公共部门在选择公共服务的供给模式时要考虑体制性的因素，如行政结构、部门职能碎片化等，进而衡量结构性制约所带来的成本与创新方式所带来的效益之间的关系，在突破结构性制约的成本过高的情境下，或许维持偏体制内的供给会是一个更为稳妥的选择。

当然，由于数据挖掘渠道的有限性，本文未能通过实地调研与访谈搜集到 S 市政府内部决策过程以及有关改革的一手数据，搜集的部分信息可能缺乏真实性的考察或受个人价值观偏好的影响，因此探究的原因可能与 S 市公交市场化改革的真实过程会有所出入，还需进一步的研究加以完善。同时，关于城市公用事业共有的体制性问题，还需未来的研究加以补充。

参考文献

［1］安华宏，2009，《上海公交回归国有评析》，《城市公用事业》第 5 期。

［2］常江，2008，《湖北十堰公交停运 3 天事件调查》，《运输经理世界》第 Z1 期。

［3］陈玲，2011，《公私部门合作中的风险分配失败：一个基于网络治理的分析框架》，《复旦公共行政评论》第 7 期。

［4］陈玲，2010，《公私部门合作中的风险分配：理想、现实与启示》，《公共行政评论》第 5 期。

［5］陈玲，2014，《有限理性、公共问责与风险分配：台湾高铁市场化的失败与启示》，《武汉大学学报》（哲学社会科学版）第 2 期。

［6］陈玲、李庚、曾远清，2020，《为何转移出去的职能会恢复？策略的迂回与职能的内嵌——基于 A 省行政审批改革个案的考察》，《中国行政管理》第 8 期。

［7］丁补之，2008，《十堰：一场突发的公交车停运风波》，南方周末，http://www. infzm. com/contents/494。

［8］丁补之，2008，《十堰公交民营化改制，"多赢"变"多输"？》，南方周末，ht-tp：//www. infzm. com/contents/495。

［9］黄建东，2008，《公交民营化：为何多赢变多输》，新浪网，http：//finance. sina. com. cn/review/observe/20080530/01154927934. shtml。

［10］金伟忠、马献伦，2008，《十堰公交改革：6000 万组建新公司》，《运输经理世界》第 7 期。

［11］李克诚，2012，《市政公用"国有化"回潮》，南风窗，http：//www. nfcmag. com/article/3651. html。

［12］刘伟，2009，《从十堰市公交民营化改制看我国公用事业民营化》，《决策探索》（下半月）第 3 期。

［13］马献伦、王志林、王清、李启东，2003，《十堰公交：驶出垄断之路》，新闻湖北，http：//www. cnhubei. com/200307/ca296681. htm。

［14］权义，2008，《十堰市公交民营化改制失败》，新浪网，http：//news. sina. com. cn/o/2008 － 04 － 17/030613748779s. shtml。

［15］税晓洁，2008，《十堰公交公司民营化失败续：政府欢迎社会资本》，中新网，https：//www. chinanews. com/sh/news/2008/04 － 18/1224450. shtml。

［16］王欢明、诸大建，2011，《我国城市公交服务治理模式与运营效率研究——以长三角城市群公交服务为例》，《公共管理学报》第 2 期。

［17］王健、刘红岩，2011，《中国城市公共交通行业市场化改革中的政府规制研究》，《综合竞争力》第 4 期。

［18］魏英杰，2008，《"车城"为何会无公交车可乘》，《运输经理世界》第 5 期。

［19］许诚，2007，《北京公交市场化改革的淡出》，《运输经理世界》第 5 期。

［20］杨涛、霍强，2017，《城市公交 PPP 合作的动因、模式及定价研究》，《云南社会科学》第 4 期。

［21］佚名，2008，《湖北十堰公交司机停运续：董事长因不满离开》，环球网，ht-tps：//china. huanqiu. com/article/9CaKrnJkonS。

［22］余洪初、叶维维、冯成新，2002，《关于十堰市国有企业改革情况的调查报告》，《湖北财税》第 16 期。

［23］袁方，2008，《政府公共服务价格的监管机制探讨——深圳城市公交市场化体制实证分析》，《价格理论与实践》第 7 期。

［24］张阳春，2003，《全城公交民营化第一例 温州老板买断十堰公交》，新闻湖北，http：//www. cnhubei. com/200304/ca251256. htm。

［25］朱文英，2009，《城市公交管理部门转移之我见》，《交通企业管理》第 1 期。

✦ 后 记

　　这篇报告选择公交的市场化改革这一主题在很大程度上是受"城市公用事业发展"课程的影响，在课程中老师曾带我们深入了解环卫事业市场化改革的进程，了解到我国的环卫事业发展原来还有过那么一段曲折历史，这不禁让我思考，同为城市公用事业重要组成部分的公交领域，是否也曾经历过同样的发展路径。

　　当我全身心地投入这篇报告的写作中时，我发现长期以来自己缺乏用学科的眼光去探究身边的公共管理，公交车于我而言可能只是一种日常的通行工具，而从没有意识到其也是一种公共产品与公共服务。从我们的学科视角出发，将公交置于整个城市公用事业发展的历史进程中，使我对公交与公共管理的认知超越了以往的体验。一方面，通过搜寻各种与案例相关的资料，尽量全面完整地还原公交市场化改革的历史进程，我认识到公共管理在实践中所面临的现实困境，学习公共管理不仅需要理论知识的积累，更重要的是去思考，当我们作为一个公共服务的提供者，而不仅是一个旁观者，置身于特定的情境时，该如何去做出选择，该如何去实践；另一方面，运用公共管理的理论与视角去分析公交事业的发展，我们看到的不再局限于公交车的性能，而是如何以更有效的方式去为公众提供更优质的服务。将理论与案例相结合，运用公共管理相关知识能够帮助我们去理解事物发展的深层逻辑，而总结事物发展的深层逻辑，则有助于我们更好地探寻未来的公共管理之路。

　　作为本科生，我觉得自己的论文水平还有很大的提升空间，但耐心去阅读相关文献，学着从学科的视角去分析身边公共事务，试着突破现有的身份认知，换一种立场去思考也是一件挺重要的事情。

城市公用事业供给和融资模式创新

PPP 项目类型如何影响政府隐性负债？

——以广州市 PPP 项目为例

李正邦*

摘　要： 自 2015 年以来，政府和社会资本合作（PPP）成为地方政府发展公用事业的主要模式，但部分地方政府通过违规运作将其异化为变相举借债务的工具。为了厘清 PPP 债务类型和形成机制，本文构建了"项目公共物品类型—回报方式—政府债务类型"的分析框架，并以广州市 PPP 项目库为案例对分析框架进行验证。研究发现，PPP 项目的可排他性很大程度上限制了其回报方式，进而影响政府未来的支出责任。PPP 项目的正外部性则会影响政府对其负有的救济责任。这两种责任都属于隐性债务的范畴。研究还发现，由于纯公共物品是我国 PPP 项目产出的主要类型，地方政府在 PPP 支出责任和救济责任方面承担着较大的隐性债务风险。

关键词： PPP　政府隐性债务　公共物品　广州市 PPP 项目

一　问题的提出

2014 年 3 月，中共中央、国务院印发《国家新型城镇化规划（2014—2020 年)》，其中提出到 2020 年中国"常住人口城镇化率达到 60% 左右，户籍人口城镇化率达到 45% 左右"。而国家统计局发布的《2020 年国民经济和社会发展统计公报》显示，2020 年末我国的常住人口城镇化率已超过60%。中国城市化快速推进的一个必然结果是，我国的城市公用事业将长期面临巨大的投资需要和运营压力。在这一背景下，政府和社会资本合作

---

* 李正邦，中山大学政治与公共事务管理学院行政管理专业 2021 届学士，中山大学政治与公共事务管理学院行政管理专业 2021 级硕士研究生。

模式（Public-Private Partnership，PPP）逐渐从顶层设计走向实践，改变了曾经以地方政府投融资平台为主体的公用事业建设运营格局，成为地方政府发展公用事业的主要抓手。2016 年国务院发布的《关于深入推进新型城镇化建设的若干意见》（国发〔2016〕8 号），拉开了 PPP 模式大规模落地应用的序幕。之后，我国新型城镇化建设的工作重点部分地转向了如何吸引社会资本参与城市基建和运营，PPP 模式的影响力日益扩大。

然而，PPP 模式的发展伴随着许多争议和问题。在地方政府公用事业融资的实践中，PPP 模式的前身是地方政府投资平台，而后者是庞大地方政府隐性债务的源头和起点。审计署 2017 年第四季度审计结果显示，我国 5 个省下属的 6 个市县形成的政府隐性债务高达 154.22 亿元。在中央政府的推动下，利用 PPP 模式引入社会资本成为通过地方政府投资平台进行融资的替代性方案，但政府隐性债务并没有随着 PPP 的开展而停止。一方面，原有的以地方政府融资平台为举债主体的隐性债务存量置换情况不理想，地方政府在推动 PPP 模式的同时，仍处于巨大的还款压力之下。另一方面，部分地方政府将 PPP 模式作为另一种举债手段，如政府以劣后方式给融资机构相应的固定回报、回购承诺，将公益性项目演变为"垫资施工"等（吉富星，2018）。

PPP 在中国的实践中遭遇的困境与其理念形成鲜明对比。其在理念上指向公共部门引入私人部门的管理技术和资本优势，以解决政府在基层设施建设中的融资压力和运营风险。但 PPP 在中国的实践则在民间资本不足、项目无实质运营内容、造成政府债务风险等方面引发争议。为何部分地方政府的 PPP 实践伴随着违规操作和隐性负债的现象？是否与中国 PPP 运作的项目特征和公共物品类型有关？本文将尝试回答上述问题。

二　概念界定

（一）PPP 的定义与运作模式

1. PPP 定义

目前学界还没有一个统一的 PPP 定义，多元的理论源流和复杂的语境用途导致了现有研究中关于 PPP 定义的较大差异。随着学界对 PPP 认识的不断深入，PPP 的定义逐渐演化为狭义和广义两类（谈婕、赵志荣，2019）。狭义的 PPP 是指私人部门在与政府签订长期协议的基础上，一揽子负责设计、融资、建设、运营和维护等传统的基础设施供给事项。广义的 PPP 定义则放宽了对私人部门承担风险的要求，是指一种提供公共服务或基础设施的长期合作关系，其中私人部门承担（比传统）更多的风险以获取相应收益。

而中国语境下的 PPP 的定义，一般以官方政策文件给出的权威界定为主要判断。从 2014 年开始，财政部和国家发改委分头探索符合中国国情的 PPP 内涵，双方的分歧主要集中在社会资本主体是否包括地方融资平台这一问题上。最终，《国务院办公厅转发财政部发展改革委人民银行〈关于在公共服务领域推广政府和社会资本合作模式指导意见〉的通知》（国办发〔2015〕42 号）的发布，标志着分歧的结束和概念的明晰（陈志敏等，2015）。该通知一方面明确了政府在 PPP 运作中的职责，指出政府有责任保证社会资本的择优选取和服务绩效，另一方面则明确了地方政府融资平台和社会资本之间的关系，允许融资平台剥离举债融资职能之后作为社会资本参与 PPP 的运作。

2. PPP 运作模式

相较于 PPP 相对宽泛的定义，其运作模式则具体很多。PPP 在国际上有三种经典模式，即 BOT、PFI（英国）和 DB +（美国）（谈婕、赵志荣，2019）。BOT（Build-Operate-Transfer）是指私人部门负责基础设施的融资、设计和建造，在合同期内私人部门拥有运营特许经营权，合同结束后则将设施归还给政府，其中私有部门的经营收入来自向个人用户收费。PFI（Private Finance Initiative）是英国 PPP 的典型代表，其中私人部门承担融资的主要责任，当且仅当公共设施建设完成且可以投入使用时，政府才对项目进行一揽子付款，付款金额与运营风险无关，而由事先签订的合同协议决定。DB +（Design-Build +）是美国 PPP 的典型代表，其简单版本 DB 是指私人部门负责公用事业的设计和建造公共设施，而政府对其付费并负责公用事业的运营。在简单版的基础上引入私人部门融资功能，则被称为 DBF。如果进一步纳入私人部门的运营和维护责任，则是 DBFOM（Design-Build-Finance-Operate-Maintenance）模式。DBFOM 模式的回报方式主要为使用者付费，少数为在使用者付费不足的情况下政府付费补贴的回报方式。

中国 PPP 的运作模式主要有购买服务、特许经营和股权合作三种类型，而在这三种类型之下又包含各种运作模式，包括 BOT、BOO、O&M/

MC 等（Tan & Zhao，2019）。BOT 广泛应用于 77.2% 的项目，其涉及长期合同特许权，在特许权结束前，私营部门负责设计、建造、融资和运营公共设施，特许权结束后则将资产移交给政府。BOT 多用于新建项目，而存量项目可以通过 TOT（占项目总数的 4.7%）来进行，也可以通过 ROT（占 2.7%）来进行。BOO 在项目前期的运作安排与 BOT 类似，但在合同结束后由私营部门保留设施的所有权，其占项目总数的 5.4%。因此，BOO 类似于完全私有化，全部责任由私人部门承包商承担。最后，O&M/MC 是指设施运营和维护的外包，只占所有项目的一小部分（0.8%）。

需要注意的是，中国语境下的 BOT 模式在回报方式及风险分配方面与传统 BOT 有较大差异（谈婕、赵志荣，2019）。传统 BOT 中私人部门的回报方式为使用者付费，所以运营风险集中在私人部门。但中国 BOT 的私人部门回报方式主要是政府付费和可行性缺口补助，使用者付费只占少数。因此在绝大多数的 BOT 项目中，政府承担完全或一部分的运营风险。

（二）PPP 中的政府隐性债务

1. 政府隐性债务

政府隐性债务的概念最早来自 Hana（2001），他提出的财政风险矩阵将政府负债划分为直接、或有、显性和隐性负债四种类型。其中隐形负债是指在法律强制性的维度上，不被法律或者合同所承认，但政府基于公共预期和政治压力要承担的债务。然而，对于我国形成原因更加复杂、存在形式更加多样的地方政府债务来说，财政风险矩阵并不是一个可以得到严格适用的框架。

从中央政府发布的权威性文件[①]和学界的相关梳理来看，目前我国地方政府隐性债务是指"地方政府在法定政府债务限额之外直接或承诺以财政资金偿还以及违法提供担保等方式举借的债务"。也就是说，中国政府语境下的隐性债务不仅包括财政风险矩阵中的隐性债务，还包括某些或有显性债务。这些或有显性债务主要以政府的城投平台等机构提供担保的形式存在，它们虽然以书面合同或者口头协议为载体，但其效力在官方正式法律中一直处于模糊地带。

---

① 该系列文件主要包括：《中共中央国务院关于防范化解地方政府隐性债务风险的意见》（中发〔2018〕27 号）；《中共中央办公厅国务院办公厅关于印发〈地方政府隐性债务问责办法〉的通知》（中办发〔2018〕46 号）。

中国政府的隐性债务与"地方政府投融资平台"密不可分。地方政府投融资平台以县区级平台公司为主,这些平台公司基本上是地方政府组建的城市建设开发投资公司、城市资产经营公司等,负责公共交通、道路桥梁、燃气、水务等城市和农村基础设施建设及重大产业发展投资(封北麟,2009)。我国为抵抗 2008 年世界性金融危机的冲击,鼓励地方政府设立投融资平台来拓宽融资渠道,随后地方自筹资金在基础设施建设投资中的占比超过 60%,有效地帮助了我国应对投资下滑对经济发展带来的挑战。然而,地方政府投融资平台在发展中也蕴含着巨大的风险,包括平台公司的财务风险、银行的金融风险、地方政府的财政风险以及经济发展的波动风险(徐鹏程,2017)。

2. PPP 中的政府隐性债务

PPP 中的政府隐性债务是指地方政府在运作 PPP 项目过程中产生的,在法定政府债务限额之外的,以及以违法提供担保等方式举借的债务。

2014 年之后,PPP 逐渐成为地方政府公用事业融资的首要手段。由于大量公益性项目占据 PPP 运作项目的主要部分,这些项目难以通过纯粹的使用者付费支撑项目支出,因而不论是正规运作还是违规操作,都会导致政府未来年度支出责任的增加。PPP 项目中政府承担的未来年度支出责任,可以被视为政府债务。这是因为,从政府会计的角度来看,《政府会计准则——基本准则》和《财政总预算会计制度》等文件均规定,政府债务是政府在现行条件下已承担支出责任的现实义务。

在已有文献对我国政府隐性债务的梳理中,已经出现了 PPP 中的政府隐性债务。李丽珍、安秀梅(2019)认为我国地方政府隐性债务涵盖 5 种类型,其中就有 3 种与 PPP 项目直接相关,分别是公共投资 PPP 项目形成的未来支出、PPP 项目违法违规类债务,以及政府对由 PPP 项目建设而成的公共机构承担的一定救助责任。

三 文献综述

(一) 文献回顾

1. 中国 PPP 的发展历程

中国私人资本参与公用事业融资的历程经历了三个阶段(Tan & Zhao,2019)。

第一个阶段发生在 1978 年改革开放后不久。当时政府的财政能力有限，用于基础设施投资的财政收入很少。在预算法尚未出台的背景下，政府缺乏合法的融资工具。1985 年，大约 96% 的基础设施投资依赖于财政资金。为了从外国资本中获得更多资金用于基础设施建设，一些地方政府在20 世纪 80 年代试验了 BOT 项目。其中，中国 PPP 的第一次尝试是深圳市政府与一家外国公司合作建设电厂。

第二个阶段发生在 1994 年分税制改革之后，其特点是 BOT 项目的快速增长和突然停滞。税收分配改革导致了财政收入格局的变化，使得地方政府缺少与基础设施财政责任相匹配的财源。由于禁止借贷，地方政府的融资选择仍然有限。中央政府鼓励地方政府通过 BOT 方式吸引外资参与电厂、交通项目和水利设施的建设。1997 年，公私伙伴关系在基础设施投资中的比例为 36%。

但 BOT 热潮在 1998 年亚洲金融危机开始后迅速结束。1998～2002 年，为了应对金融危机的负面影响、缩小基础设施建设差距，中央政府发行了大量国债，地方政府可以通过国债贷款获得公用事业资金。在这期间，中央政府通过"清理"运动关停了一些非法 BOT 项目，PPP 活动在中国几乎完全停止，其份额在 1998 年迅速下降到 13%，在 2002 年下降到 11%。

第三个阶段与 2008 年全球金融危机有关。快速城市化导致了地方政府对基础设施投资的迫切需求，同时伴随着土地财政的膨胀，PPP 获得了稳定的增长。而在 2008 年全球金融危机后，这一过程又发生了变化。2008年中央政府推出了"四万亿投资计划"的刺激方案，允许地方政府绕过预算法，通过地方政府融资平台间接发行商业贷款或公司债券（即城投债券）。到 2014 年，城投债券总量达到 5 万亿元，约占国内生产总值（GDP）的 8%。与此相反的是，PPP 活动立即减少到仅占基础设施投资总额的 1%。

陈志敏等（2015）则将 PPP 在中国的发展历程概括为探索（1984～1992年）、试点（1993～2002 年）、推广（2003～2007 年）、调整（2008～2012年）与规制（2013～2015 年）五个阶段。总体而言其与 Tan 和 Zhao（2019）的梳理差别不大。

2014 年之后，随着新预算法和《国务院关于加强地方政府性债务管理的意见》的实施，原先作为主流融资渠道的地方政府投融资平台被剥离融资功能。地方政府举借债务只能通过发行地方债券的方式，且地方债券必须在国务院批准的限额内发行（李升，2019）。为应对基础设施建设资本结构中的融资压力，PPP 再度兴起。除了填补基础设施投资的缺口，中央政府还希望利用社会资本来减轻现有地方债务的沉重负担和堆积风险（Tan & Zhao，2019）。

从对已有文献关于中国 PPP 发展历程内容的梳理中可以发现，PPP 在我国一直扮演着替代性融资工具的角色。每当其他渠道的融资工具可以被使用，PPP 就会被地方政府放弃。例如，1998 年中央政府发行大量国债供地方政府借贷，以及 2008 年城投债兴起时，PPP 模式就受到了地方政府的冷落。而 2014 年之后，城投债的渠道被关闭，PPP 又重新得到重视，再次兴起。

2. PPP 隐性债务的生成途径

总体来看，已有文献中提出了三种 PPP 隐性债务的生成途径。

第一种生成途径是 PPP 项目合同内形成的政府未来支出。从财政负担的角度来看，政府以购买服务为名变相融资、政府付费补贴类 PPP 项目等融资行为与直接举债实质上相差不大（吉富星，2018）。这种生成途径涵盖了地方政府在政府付费型和缺口补助型 PPP 项目的合约中承诺的支付责任（李丽珍、安秀梅，2019）。也有学者将这种生成途径称为"技术出表"，认为政府能够以社会资本或项目公司承担债务的形式，将公共支出转移为企业或项目负债，实现"出表"（李丹、王郅强，2019）。

第二种生成途径是在 PPP 运作中违法违规操作产生的债务。这种生成途径常见于地方政府通过违规承诺或担保、明股实债、变相融资等行为变相承担的支付责任（李丽珍、安秀梅，2019）。有学者将其称为"变相融资"，指地方政府通过一系列违规操作来变相举债融资，这些违规操作包括：为 PPP 项目公司提供担保甚至是过度担保；在项目中变相保障私人部门的固定收益，构成"明股实债"；夸大未来财政收入规模以规避 10% 的政府支出红线；PPP 项目有建设无运营，演化为"垫资施工"项目（李丹、王郅强，2019）。

第三种生成途径是地方政府对 PPP 项目承担的一定救助责任。这种生成途径常见于因 PPP 项目建设而成立的公共机构运作不良时，例如地方国有企业 PPP 项目债务亏损、投融资平台产生不良资产等情况（李丽珍、安秀梅，2019）。有时也以不规范的可行性缺口补助类项目、违规担保以及承担救助责任的合约等形式出现（吉富星，2018）。

（二）文献评述

明确 PPP 的定义和运作模式是讨论 PPP 对政府隐性债务风险的影响的前提。谈婕、赵志荣（2019）的研究指出中国 PPP 中的 BOT 模式实质上是英国 PFI 模式和传统 BOT 的结合体。中国 BOT 与传统 BOT 的主要区别在于社会资本的回报方式除原有的使用者付费以外，还包括了 PFI 式的政府付费和混合式的可行性缺口补助。另外，广为学者所诟病的地方政府融资平台 BT 模式（吉富星，2018）、有建设无运营的时间拉长版 BT 项目（李丹、王郅强，2019），从国际经验的比较视野来看，和美国的 DB 模式十分类似。也就是说，单纯的社会资本回报方式的差别和社会资本参与程度的差别，都不构成对广义 PPP 定义的突破。因此，对 PPP 项目的分析需要结合其对政府债务风险的影响来看。

在 PPP 影响地方政府隐性债务方面。李丽珍、安秀梅（2019）对隐性债务在中国语境下的含义和 Hana（2001）提出的财政风险矩阵中的含义进行了区分和联系，指出中国语境下的隐性债务是指地方政府法定限额或发行形式之外的债务。其进一步分析了 PPP 隐性债务的构成，即包括非使用者付费类项目带来的政府未来资本性与经常性支出，违规的项目担保或承诺，以及公益性项目失败时政府的救助责任债务。按照上述三分法来考察其他文献对 PPP 隐性债务的分析，可以发现其他文献主要关注前两类隐性债务（李丹、王郅强，2019；吉富星，2018）。对 PPP 隐性债务进行估计、测算的研究则只关注第一类 PPP 隐性债务，而没有对违规担保或承诺类的隐性债务进行测算（魏蓉蓉等，2020）。

然而，无法进行有效测算的违规操作类隐性债务，更加受到债务风险控制研究者的关注。Tan 和 Zhao（2019）在中国 PPP 的历史沿革的研究中认为，PPP 在中国经历了几十年的起伏变化，其在基础设施融资中，通常在缺乏其他融资方式时发挥补充作用，也即作为地方政府的替代性融资工具。2014 年之后由中央政府推动的 PPP 模式不仅是为了补充新的基础设施融资渠道，也是为了减轻由地方政府融资平台带来的沉重地方债务负担和降低堆积风险。但是，部分违规运作的 PPP 项目正在以和地方政府融资平台相类似的途径，增加地方政府隐性债务风险（吉富星，2018）。

已有研究虽然注意到社会资本的回报方式是中国 PPP 运作带来的政府隐性债务的关键因素，但忽略了项目本身特征对回报方式和隐性债务风险的影响。从项目产出来看，PPP 项目与一般工程项目有相当大的差别，其供给的基础设施具有明显的公益性质，属于公共物品范畴（王雨辰、胡轶俊，2019）。公共物品理论的分析维度也为项目回报方式和风险分析提供了一个更加深入的分析视角。项目产出的排他性程度是影响项目可经营性和回报方式的根本原因，而正外部性程度则从根本上决定了政府对其负有的救济责任。因此，PPP 项目的公共物品类型是其形成隐性债务风险的关键影响因素，而已有文献对此的讨论较少。本文尝试以 PPP 项目产出的公用物品类型为起点构建分析框架，分析广州市 PPP 项目的公共物品类型、项目回报方式、外部性和隐性债务风险，在此基础上讨论 PPP 政府隐性债务的形成逻辑机制。

四 理论基础与分析框架

（一）理论基础

1. 公共物品理论

经济物品具有排他性和竞争性的标准最早由萨缪尔森提出，这一学说经过布坎南、奥斯特罗姆等学者的深入研究和发展之后，形成了目前主流的公共物品研究视角——根据排他性和竞争性的标准，将经济物品分为个人物品、集体物品、共用资源以及可收费物品四种类型。其中，排他性是指一种物品具有的可以阻止一个人使用该物品时的特性；竞争性是指一个人使用一种物品将减少其他人对该物品的使用的特性。广义的公共物品是指那些具有非排他性或非竞争性的物品，一般包括可收费物品、共用资源以及集体物品三类。

公共物品理论在对经济物品进行分类的基础上讨论其资源配置效率的问题。奥尔森最早提出"搭便车"现象，它是指参与者在公共物品的配置过程中，不需要支付成本就可以和支付者一样享受到相等的物品效用。奥斯特罗姆在公共事务治理的研究中发现，"搭便车"现象还包括诸多公共事务治理中面临的难题，包括公地悲剧、囚徒困境和合成谬误等。在公共物品的资源配置过程中，如果所有人都参与"搭便车"，那么集体利益将会被消耗殆尽；如果部分人参与"搭便车"，另外一部分人提供公共物品，就会损害集体利益，公共物品的供给就无法达到最优水平（沈满洪、谢慧明，2009）。

2. 政府债务风险矩阵理论

布莱克斯（Hana Polackova Brixi）在 1998 年的一份报告中首次总结出政府债务的四种主要特征：直接的、或有的、显性的和隐性的。其中，政府债务为直接的还是或有的，取决于负债是在任何条件下都存在，还是只有当某个特殊事件发生才会随之成立；政府债务属于显性的还是隐性的则取决于负债是否被法律或者合同所承认。根据这四大特征，政府债务可以被细分为四种主要的类型：直接显性负债、直接隐性负债、或有显性负债和或有隐性负债（马骏、赵早早，2011）。

直接显性负债是政府任何时候都必须承担的责任，且这些支出责任已得到法律或者合同的认定，如政府发行债券、法定的长期支出等。直接隐性负债通常是指政府对未来做出的支出承诺，如保证公共服务的长期供给、未来公共养老金支出、未来医疗保健设施筹资等。或有显性负债主要是指，政府为项目提供担保而可能产生的负债，这些担保得到法律或合同的认定和约束。或有隐性负债主要是指，随着未来某个时间可能会出现的一些重大事件的发生，政府必须承担相应支付责任的债务类型，这些支付责任虽然没有得到法律或合同的认定，但基于政府的职能和公众期待政府必须承担，如养老金投资失败、重大自然灾害事故所导致的支出责任等。

（二）分析框架

本文尝试以 PPP 项目产出的公用物品属性为立足点，以广州市 PPP 项目为例分析其中的政府隐性债务的形成逻辑机制。分析框架如图 1 所示，"PPP 项目产出的公共物品类型"依照 PPP 项目所属行业的公共物品特性得出，具体的分类标准本文参照了王雨辰、胡轶俊（2019）的做法。具体来说：与经济建设相关的行业，如交通运输、市政工程、城镇综合开发等，其提供的公共基础设施对周边地区的发展有较大外部性，且非排他性和非竞争性的特征较为明显，所以被划分为纯公共物品类别；与农林水利和环保相关的行业，如农业、水利建设、生态环保等，其提供的是自然资源整治和供给类的基础设施，具有一定竞争性而排他性较弱，所以被划分为公共池塘资源类别；与社会民生供给相关的行业，如教育、文化、养老等，其提供的是关系到特定社会群体切身利益的基础设施，具有一定排他性而竞争性较弱，所以被划分为俱乐部产品类别。按照上述思路，本文将财政部政府和社会资本合作中心项目库中的 18 类 PPP 所属行业划分为两类公共物品，具体的行业分类如表 1 所示。

　　PPP 项目产出的公共物品类型会影响项目的回报方式，这主要由公共物品的排他性程度来决定的。排他性是指一种物品具有的可以阻止一个人使用该物品时的特性。俱乐部产品相较于纯公共物品和公共池塘资源，有更高的排他性，从而使得产出这类公共物品的 PPP 项目有采取使用者付费回报方式的空间。另外两种公共物品由于排他性低，则几乎没有采用使用者付费的空间。进一步地，项目回报机制中使用者付费的程度越低，政府未来支出责任则越高，从而导致 PPP 政府隐性债务中的第一类隐性债务越高（李丽珍、安秀梅，2019）。

　　PPP 项目产出的公共物品类型会影响项目的外部性。纯公共物品具有最高的非竞争性和非排他性，因此表现出最高的公共性。从政府职能的角度来看，PPP 项目的公共性越强，民众对政府有效供给的期望就越高，政府基于合法性压力对项目失败而负有的支出责任就越高。也即纯公共物品类的 PPP 行业的政府救济责任最高，从而导致政府救助责任类隐性债务最高。而在准公共物品中，俱乐部产品类 PPP 项目因其大多与特定群体的社会服务相关，外部性相对而言弱于公共池塘资源类 PPP 项目（王雨辰、胡轶俊，2019）。所以准公共物品中，公共池塘资源的外部性更强，政府救济类隐性债务更大。

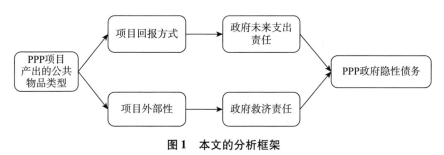

图 1　本文的分析框架

表 1　PPP 项目所属行业对应的公共物品类型

公共物品类型		PPP 项目所属行业
纯公共物品		交通运输、市政工程、能源、科技、保障性安居工程、城镇综合开发
准公共物品	公共池塘资源	农业、林业、水利建设、生态建设和环境保护
	俱乐部产品	教育、文化、体育、医疗卫生、旅游、养老、社会保障

五 研究方法

本文采取个案研究方法，以《广州市 PPP 项目情况表》（截至 2020 年 6 月底）中的 25 个 PPP 项目为案例，分析 PPP 项目所属行业的公共物品类型与政府隐性债务之间的逻辑机制。

本文的分析资料《广州市 PPP 项目情况表》（截至 2020 年 6 月底）来自广州市人民政府官网中的政务公开频道（广州市财政局，2020）。该表统计了广州市 25 个 PPP 项目的投资额、所属行业、运作方式、回报机制以及项目概况。本文将对这些数据进行简单的定性分析。

此外，针对《广州市 PPP 项目情况表》（截至 2020 年 6 月底）中的典型项目，笔者通过财政部政府和社会资本合作中心管理库的信息公开版块，查询项目的公开资料。这些资料包括物有所值评价报告、财政承受能力论证报告和已签署的 PPP 项目合同等。在查阅项目资料的过程中，笔者重点关注 PPP 项目合同中的"付费机制"、"项目收入来源"和"支付方式"等内容。

六 案例分析

（一）案例介绍

1. 广州市 PPP 项目概况和行业情况

截至 2020 年 6 月 30 日，广州市共运作 25 个 PPP 项目，以项目所属地来看包括市本级 9 个，黄埔区、南沙区各 5 个，增城区 2 个，越秀区、花都区、荔湾区、番禺区各 4 个。

广州市 PPP 项目的行业比较如图 2 所示。从各行业的项目数量来看，市政工程和城镇综合开发行业的 PPP 项目最多，占 25 个项目中的 19 个，占比为 76%。从各行业的投资额占比来看，市政工程和城镇综合开发行业的项目投资额同样占总投资额的绝大多数，达到 88.11%。具体到二级行业来看，如图 3 所示，市政工程行业项目包括五个二级行业，主要为管网、市政道路、污水处理、轨道交通和其他。交通运输行业项目所属的二级行业均为交通枢纽，而 5 个城镇综合开发项目所属的二级行业均为园区开发。

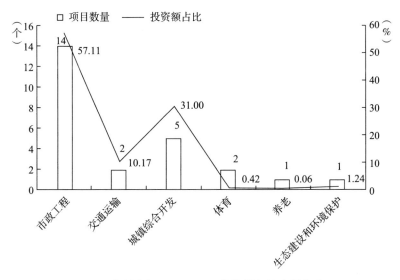

图 2 广州市行业 PPP 项目的数量和投资额占比

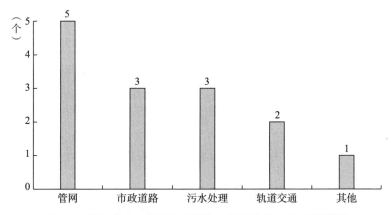

图 3 广州市市政工程行业下属各二级行业的 PPP 项目数量

2. 广州市 PPP 项目的回报方式情况

广州市 PPP 项目的回报方式比较如图 4 所示。从三种回报方式的项目数量来看，广州市可行性缺口补助类项目数量最多，为 12 个；政府付费类项目次之，为 10 个；使用者付费类项目最少，仅有 3 个。从三种回报方式的项目投资额占比来看：使用者付费类项目投资额占总投资额的比例仅为 0.48%；可行性缺口补助类项目的投资额占比最高，达到 65.50%；政府付费类项目的投资额则占 34.02%。总体而言，不论是从项目数量还是项目投资额占比来看，使用者付费类项目都只在总体项目中占据很小的一部分。

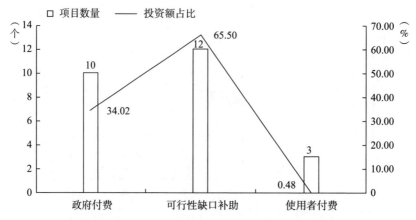

图4　广州市各类型回报方式的 PPP 项目数量和投资额占比

（二）案例分析

1. 公共物品类型划分标准的合理性

本文根据 PPP 项目所属一级行业来划分其公共物品类型，划分的方法参照了王雨辰、胡轶俊（2019）使用的方法，即将属于与经济建设相关行业的项目划分为纯公共物品类型，将属于与社会民生供给相关行业的项目划分为俱乐部产品，将属于与农林水利和环保相关行业的项目划分为公共池塘资源。广州市 PPP 项目的公共物品类型的划分结果如表2所示。

表2　广州市 PPP 项目所属行业及对应的公共物品类型

单位：个

公共物品类型	一级行业	二级行业	数量
纯公共物品	市政工程	管网	5
		市政道路	3
		污水处理	3
		轨道交通	2
		其他	1
	城镇综合开发	园区开发	5
	交通运输	交通枢纽	2
俱乐部产品	体育	体育	2
	养老	养老业	1

公共物品类型	一级行业	二级行业	数量
公共池塘资源	生态建设和环境保护	综合治理	1
合计	—	—	25

表 2 中公共物品类型和项目所属二级行业的对应情况表明，王雨辰、胡轶俊（2019）的分类方法有一定合理性。纯公共物品类项目的二级行业包括管网、市政道路、污水处理、轨道交通、园区开发和交通枢纽等，这些二级行业均提供对周边地区发展有较大影响的公共基础设施，非排他性和非竞争性的特征较为明显。俱乐部产品类的二级行业有体育和养老业，均提供关系到特定社会群体切身利益的基础设施，具有一定排他性而竞争性较弱。公共池塘资源类的二级行业为综合治理，提供的是具有一定竞争性而排他性较弱的自然资源整治类基础设施。

2. 项目公共物品类型与回报方式

（1）政府付费类和使用者付费类 PPP

图 5 展示了在广州市不同回报方式的 PPP 项目类别中，各类别内部的项目公共物品类型情况。

在政府付费类项目方面，广州市 10 个政府付费类项目的项目产出均为纯公共物品。这 10 个政府付费类项目中，有 7 个项目的一级行业为市政工程，2 个项目的一级行业为城镇综合开发，1 个项目的一级行业为交通运输。具体到二级行业来看，10 个项目中，有 3 个项目的二级行业为市政道路；3 个二级行业为污水处理；2 个二级行业为园区开发；1 个二级行业为交通枢纽；1 个二级行业为其他（具体为 "车陂路—新滘东路隧道工程"）。这些二级行业涉及的公用事业，很难将任何一个使用者排除在外，同时一个人的使用不会减少其他人对该公用事业的使用，即具有很强的非排他性和非竞争性，属于典型的纯公共物品。

在使用者付费类项目方面，广州市仅有 3 个使用者付费类型的 PPP 项目，分别是广州市越秀区东山福利院四期工程、荔湾区芳村体育中心升级改造工程 PPP 项目和南沙网球运动中心项目。第一个项目属于养老业，后两个项目属于体育业。从公共物品类型来说，三个项目只关系到一部分特定社会群体的公共服务供给，属于典型的俱乐部产品。

俱乐部产品相对于纯公共物品和公共池塘资源，有更强的排他性，从而拥有更大的推行使用者付费回报方式的空间。广州市采用使用者付费回报方式的三个项目均为俱乐部产品类型项目。这表明，只有俱乐部产品类型的 PPP 项目，才有利益分配的空间采用纯粹使用者付费的回报方式。

投资额的比较更能体现出项目规模的差异。图 6 展示了不同公共物品类别 PPP 项目的投资额情况，可以发现广州市准公共物品类项目（俱乐部产品类和公共池塘资源类）的 PPP 运作，在项目总投资额上落后纯公共物品类项目将近一个数量级。俱乐部产品类和公共池塘资源类项目两者加总的投资额仅占纯公共物品类项目投资额的 1.7%。

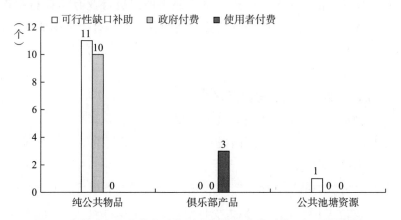

图 5　广州市不同公共物品类别和回报方式类型的 PPP 项目数量

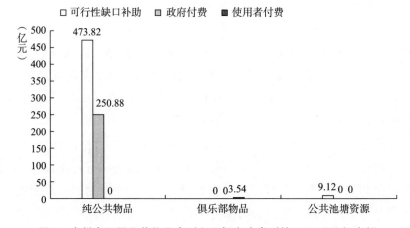

图 6　广州市不同公共物品类别和回报方式类型的 PPP 项目投资额

（2）可行性缺口补助类 PPP 项目

可行性缺口补助类 PPP 的回报方式相对模糊，已有文献指出这是一种政府付费和使用者付费的混合模式，美国 DB + 模式中只有在少数使用者付费不足的情况下才会采用政府付费补贴私有部门的回报方式（谈婕、赵志荣，2019）。但可行性缺口补助在中国的 BOT 模式中却非常常见。基于此，本文选取了"黄埔区知识城综合管廊及配套设施工程项目"作为可行性缺口补助类项目的典型案例，考察其项目合同中"付费机制"的构成。

"黄埔区知识城综合管廊及配套设施工程项目"的回报机制为可行性缺口补助，并且属于广州市这类回报机制中最常见的二级行业——管网。该项目建设场址位于中新广州知识城，本项目总投资 40.35 亿元，项目建设内容包括综合管廊和相关的道路工程、景观升级改造工程、桥梁工程等。

笔者通过查阅该项目的项目合同发现，项目中社会资本的收入来源包括入廊费、运营维护费、可用性服务费。其中，入廊管线单位向项目公司支付的入廊费和部分运营维护费，由项目公司直接向各管线单位收取，这一部分即属于"使用者付费"的部分。而甲方（政府）会向项目公司支付可用性服务费和部分运营维护费，这部分支出与项目投资、入廊费和项目公司绩效考核系数挂钩，属于"可行性缺口补助"的部分。

可以发现，传统理论认为是纯公共物品的管网类公用事业，在实际运作过程中依旧有"使用者付费"的空间。这是因为，随着市场化改革的推进，"电力、给水、通信、广播电视、天然气"等公用资源的供给主体逐渐增加。这些新加入的市场化供给主体，如三大电信运营商，在使用管网时需要对提供商进行市场化的支付。但管廊这类公用资源并非完全的市场化，而是始终处于政府管制之下。"黄埔区知识城综合管廊及配套设施工程项目"合同中明确提到，项目公司向入廊管线单位收取的入廊费和运营维护费，需要根据政府确定的收费标准及支付方式向各单位收取；如相关部门未制定标准的，才可以由各方依据市场化原则共同协商确定。也就是说，项目公司的收入来源中的"使用者付费"部分，其收费标准和支付方式均受到政府的监管和规定。

3. 项目公共物品类型与政府救济责任

在财政风险矩阵中，政府救济责任属于政府或有隐性负债，这种隐性负债更加接近财政风险矩阵理论中关于隐性负债概念的本义，即基于政府职能和责任而带来的一种道德上的负债。地方政府或有隐性负债虽然不受法律或者合同的保证，但由于公共职能和民众期待，政府作为金融系统危机、突发公共事件、重大自然灾害等公共风险的承担者和化解者，不得不承担起许多强公益性项目失败时"最后付款人"的兜底责任（李丽珍、安秀梅，2019）。

而具体到 PPP 领域，PPP 项目根据其项目产出的非排他性和非竞争性的程度不同，表现出不同程度的公共物品特征。从政府职能的角度来看，PPP 项目的公共性越强，民众对政府有效供给的期望就越高，政府基于合法性压力对项目失败而负有的支出责任就越高。根据全国 PPP 综合信息平台项目管理库 2019 年三季度报告，截至 2019 年三季度末，管理库中项目数和投资额的排名前四位的行业均为市政工程、交通运输、城镇综合开发、生态建设和环境保护。这四个主要行业的项目投资额占总管理库投资额的 81.1%。市政工程、交通运输和城镇综合开发行业的 PPP 项目产出具有高度的非排他性、非竞争性，属于纯公共物品类型。而生态建设和环境保护行业的 PPP 项目产出，由于具有一定竞争性而排他性较弱，属于公共池塘资源类型。

对于广州市 PPP 项目来说，图 5 显示了三种公共物品类型的 PPP 项目的数量情况，可以发现纯公共物品类型的 PPP 项目的数量占据了项目总数的 84%，达到 21 个。纯公共物品类型的公用事业既不具备排他性也不具备竞争性，并且公用事业的正外部性较强、战略地位较高，所以会导致相应的 PPP 项目在三种类型中具有最高的公共性（王雨辰、胡铁俊，2019）。

从全国 PPP 管理库和广州市 PPP 项目的行业情况中可以发现，与西方发达国家 PPP 运作领域中以经营性项目为主的情况不同，我国使用 PPP 运作的公用事业中，纯公共物品类型的基础设施占主要部分。这意味着在公用事业的融资和运营的过程中，融资风险和运营压力可以在一定程度转移到社会资本上。但纯公共物品项目失败后，政府基于公众期望、政府职能等因素而负有的"最后付款人"的兜底责任依旧存在。因此，确保这类公共性极强的公用事业行稳致远对我国地方政府来说十分重要。

七　结论与讨论

本文以公用事业的公共物品类型为立足点，着眼于 PPP 项目的回报方式和外部性，分析了 PPP 项目中的几种政府隐性债务的形成逻辑机制。并且以广州市 PPP 项目库数据为案例，验证了以 PPP 项目所属行业为标准对 PPP 项目进行公共物品类型分类的方法。结果发现，从《广州市 PPP 项目情况表》中一级行业下属的二级行业的情况来看，该分类方法具有一定合理性。依据这一分类方法，本文发现不论是在广州市还是在全国 PPP 管理库中，纯公共物品类的 PPP 项目数量占多数。在项目投资额的比较中，纯公共物品和公共池塘资源类项目的统治地位更加显著。

另外在项目回报的方面，PPP 项目使用纯使用者付费机制的空间很小。这意味着绝大多数 PPP 项目都会造成政府未来 PPP 支出责任的增加，从而提高相关公共物品类型的政府隐性负债。在政府救济责任方面，PPP 项目产出以纯公共物品为主的格局会导致，政府承担着相当大的 PPP 项目失败时的道德上的救济责任，形成政府或有隐性负债。

我国的公用事业融资体制演进过程同时也是一场地方政府对融资政策偏差执行和中央政府规范控制之间的"拉锯战"。从地方政府投融资平台到 PPP 项目中的"明股实债"、过度担保等，地方政府在公用事业融资中，似乎始终存在扩大未来支出责任以吸引投资的行动倾向。本文提出了一个关注公用事业可经营性的视角，而这实际上与公共物品的基本属性——非排他性程度直接相关。如果公用事业的可经营性较差，企业不仅要面对不确定的项目收益形式，而且还要承担项目建设和运营期间的风险。在这种情况下，地方政府提前框定或扩大自己的支出责任的行为，也被理解为是为解决对民间资本吸引力不足问题的变通之举。

公用事业的可经营性还关系着目前社会资本在多大程度上可以减轻现有地方债务的沉重负担和降低堆积风险。没有公用事业的经营性作为政府与社会资本合作的支撑，其对融资压力的减缓只是简单地将政府支出的责任延后。本文还发现，在一些公益性质较强（如城市管廊）的可行性缺口补助项目中，政府对项目公司收入的影响不仅限于政府缺口补助的部分，还扩张到传统的市场收费的部分（政府规定了项目公司收取"使用者付费"收益的收费标准和支付方式）。这一发现在一定程度上揭示了，"可行性缺口补助"的回报方式在我国现行的公用事业供给体制下的功能和合理性。同时也表明，来自西方的"政府与社会资本合作"模式，在中国特殊的公用事业类型和供给逻辑下，发展出了更加复杂而精细的形态。

参考文献

［1］ 财政部政府和社会资本合作中心，2019，《全国 PPP 综合信息平台项目管理库 2019 年三季度报》，http：//www. cpppc. org/zh/pppjb/9058. jhtml。

［2］ 陈志敏、张明、司丹，2015，《中国的 PPP 实践：发展、模式、困境与出路》，《国际经济评论》第 4 期。

［3］ 封北麟，2009，《地方政府投融资平台与地方政府债务研究》，《中国财政》第 18 期。

［4］ 广州市财政局，2020，《广州市 PPP 项目情况表》（截至 2020 年 6 月底），广州市人民政府官网，http：//www. gz. gov. cn/zwgk/zdly/czzj/zfshzbhzpppxm/content/mpost_ 6499966. html。

［5］ 国家统计局，2021，《2020 年国民经济和社会发展统计公报》，中国经济网，http-tp：//district. ce. cn/newarea/roll/202103/01/t20210301_36347071. shtml。

［6］ 吉富星，2018，《地方政府隐性债务的实质、规模与风险研究》，《财政研究》第 11 期。

［7］ 李丹、王郅强，2019，《PPP 隐性债务风险的生成：理论、经验与启示》，《行政论坛》第 4 期。

［8］ 李丽珍、安秀梅，2019，《地方政府隐性债务：边界、分类估算及治理路径》，《当代财经》第 3 期。

［9］ 李升，2019，《地方政府投融资方式的选择与地方政府债务风险》，《中央财经大学学报》第 2 期。

［10］ 马骏、赵早早，2011，《公共预算：比较研究》，中央编译出版社。

［11］ 沈满洪、谢慧明，2009，《公共物品问题及其解决思路——公共物品理论文献综述》，《浙江大学学报》（人文社会科学版）第 6 期。

［12］ 谈婕、赵志荣，2019，《政府和社会资本合作：国际比较视野下的中国 PPP》，《公共管理与政策评论》第 3 期。

［13］ 王雨辰、胡轶俊，2019，《民营企业 PPP 项目参与度研究——基于公共性的风险分析》，《软科学》第 6 期。

［14］ 魏蓉蓉、李天德、邹晓勇，2020，《我国地方政府 PPP 隐性债务估算及风险评估——基于空间计量和 KMV 模型的实证分析》，《社会科学研究》第 2 期。

［15］ 徐鹏程，2017，《新常态下地方投融资平台转型发展及对策建议》，《管理世界》，第 8 期。

［16］ 中共中央、国务院，2014，《国家新型城镇化规划（2014—2020 年）》。

［17］ Hana, P. B. , 2001, "Government Contingent Liabilities: A Hidden Risk to Fiscal

Stability," *Journal of Public Budgeting*, *Accounting & Financial Management* 13: 582 – 623.

［18］ Tan, J., Zhao, J. Z., 2019, "The Rise of Public-Private Partnerships in China: An Effective Financing Approach for Infrastructure Investment?" *Public Administration Review* 79 (4): 514 –518.

✦ 后 记

首先，特别有幸能够参与到学院"青年中国说·理解系列"丛书的项目中来。在撰写报告的过程中，我深深感到自己不管在学术训练上，还是在遣词造句上都有很大的进步空间。此篇报告存在定性材料不足、论证过于简单等问题。因此特别感谢中山大学政治与公共事务管理学院城市公用事业发展课程给予我的学习和调研的机会，感谢陈玮老师的悉心指导和不吝教诲！

最早产生对政府和社会资本合作模式的好奇心，是源于在陈玮老师课堂上了解到的 2008 年"四万亿计划"。政府与社会资本合作的公用事业发展模式，很大程度上是"四万亿计划"在当下制度与实践的双重遗产。后来，我发现财政部政府和社会资本合作中心的网站公布了全国重点 PPP 项目的资料，部分项目还公开了项目合同。于是，我计划从这些公开资料入手，讨论 PPP 项目风险问题。

随着对 PPP 议题了解的深入，我发现 PPP 实际上很"接地气"。PPP 承载着庞大的经济资源，关系着广泛的民生福祉。以广州市唯一一个生态保护类 PPP 项目为例，该项目的投资额仅占所有 PPP 项目投资额的 1.2%，但项目的投资规模却超过了 9 亿元。与此同时，越来越多的养老、教育、医疗等社会服务通过 PPP 的模式来供给，而这些民生项目建设运营的质量直接关系着我们每一个中国人的切身利益和生活体验。

政府隐性债务也是一个令人兴奋的话题。社会舆论常常关注 PPP 项目中的地方政府隐性债务暴雷。而目前的学术研究又很难测量违规操作类 PPP 项目的规模，主要是从公开数据入手，简单估计政府的未来支出责任。PPP 违规操作类隐性债务，也许只能是研究者可望而不可即的谜题。

最后，这次报告给我的最大启发是定性材料的重要性。逻辑推演和假设的意义远远比不上经验测量，好的想法俯拾皆是，但研究的关键在于如何测量。令人兴奋的是，PPP 实务界的进展十分明显，财政部政府和社会资本合作中心的公开资料显示，PPP 项目的标准化程度正在变得越来越高，PPP 相关工作越来越成为政府内的强专业性工作。但这也要求研究者要拨开更多的技术性迷雾，才能获取实践背后的公共管理真知！

城市养老公用事业 PPP 供给模式的政策风险及其生成机制

——以深圳福田区养老 PPP 项目为例

涂艳翎*

摘　要： 近年来，国内发生的 PPP 项目失败案例引发了学者们对风险管理这一议题的广泛关注。为了探究城市公用事业 PPP 供给模式的政策风险及其生成机制，本文以深圳市福田区的养老 PPP 项目发展为例，从上级政府、地方政府、养老机构三个行动主体出发，运用压力型体制、信息不对称和资产专用性理论构建分析框架。研究发现，我国实行对上负责的行政体制，上级政府下达的各项考核指标对地方政府产生了政治性压力，地方政府在此压力下采取了运动式整治等治理手段，最终造成地方政策频繁转变、政策系统稳定性不足、养老事业发展的整体性规划受到影响。同时公共部门与公共服务使用者、私营部门之间存在信息不对称问题，地方政府对市场需求不敏感、对社会资本运营信息获取不足导致合同设计与管理出现问题。此外，养老作为高投入且高资产专用性的行业，社会资本方无法在不损害生产价值的前提下轻易转变资产用途，因此抗政策风险能力弱。

关键词： PPP　政策风险　政治性压力　信息不对称　资产专用性

一　问题的提出

政府与社会资本合作（Public Private Partnership，PPP）是指公共部门

---

* 涂艳翎，中山大学政治与公共事务管理学院行政管理专业 2020 届学士，中山大学政治与公共事务管理学院行政管理专业 2020 级硕士研究生。

和私营部门为提供公共物品而长期合作的一种制度性安排，强调公、私部门共同分担项目风险、成本和收益。2013 年，中央政府明确表示要运用 PPP 模式规范地方政府投融资渠道、化解地方政府债务问题，PPP 由此受到各界的广泛关注（陈玲、李丹，2017）。在中央的指示下，地方政府纷纷建立起 PPP 项目库，筹集配套资金、吸引社会资本，各地迎来了一波 PPP 热潮。

PPP 模式要求公共部门和私营部门共同合作，一方面有利于发挥双方的比较优势、提高社会效益，另一方面也会导致合同复杂、交易成本增加、风险概率提升。同时 PPP 模式往往运用于大型公共基础设施建设当中，投资巨大、合同周期长且利益主体多元化，更加深了风险程度。因此风险管理一直是 PPP 研究的热点问题（柯永建，2010；李虹、黄丹林，2014；Wang et al.，2018）。政策风险正是 PPP 项目面临的重要风险之一。不少学者在研究中指出，地方政府在筹备项目过程中前期准备不充分、收益和风险分配不合理、决策失误或决策过程冗长、对 PPP 态度频繁转变，是项目失败的重要原因（周耀东、余晖，2005；亓霞等，2009；柯永建，2010；赖丹馨，2011）。

政策风险对不同行业的影响存在差异，一般对贵重资产行业影响更大，比如养老服务业。近年来，由于中国人口老龄化程度逐渐加深，社会化养老趋势越来越明显，在同时期 PPP 热潮的影响下，不少养老 PPP 项目挂牌上马。养老是资产专用性高的产业，需要专业的场地、设施、护理和医疗服务，高投入且资产难以转作他用，抗风险能力弱。在 PPP 项目中，养老机构对政府的依赖程度较高，呈现政策敏感的特点。然而当前我国 PPP 实践和社会化养老仍处在起步阶段，中央出台的各项政策停留在鼓励引导和原则性规范的层面上，具体操作方法需要各地自行探索，养老 PPP 项目因此面临制度性保障欠缺的问题。由此提出了本文的研究问题："养老 PPP 项目的政策风险是如何生成的？"

二 概念界定

（一）PPP 的内涵

PPP 作为一种公共部门和私营部门之间合作的制度性安排，在过去的几十年里受到学界的广泛关注（Wang et al.，2018）。由于政治、经济、社会等背景的差异，PPP 在世界各地的实践情况有所不同，学界尚未就其定义形成一致性观点。有学者认为，PPP 是公共和私人倡导者为达成公共目的而彼此合作的一种关系（Motte & Hall，2003），它以公、私部门各自的长处和不足为基础，在二者之间合理分配风险、利益和资源，因此能更好地满足公众需求（Allan，1999）。还有观点认为，PPP 是介于外包和私有化之间、结合了两者特点的一种公共产品供给方式，它往往出现在大型公共基础设施项目里（萨瓦斯，2002），通常具有以下特征：公共部门通过协议向私营部门授权；私营部门进行设施建设和运营；私营部门利用设施提供公共服务，向政府或使用者收费；协议到期后私营部门向公共部门移交设施（Peirson & Mcbride，1996）。尽管各个机构和学者的定义不尽相同，但是综合多种观点，我们可以总结出 PPP 的几个特征：强调公共部门与私人部门合作；这一合作通常是长期、复杂的；合作的目的是提供公共服务与产品；公、私部门共同分担项目风险、成本、收益、资源和责任。

（二）分类与模式

PPP 有广义和狭义之分。从广义的角度看，世界银行将 PPP 分为外包类、特许经营权类、私有化类三个类别，其风险复杂程度各有不同。外包类的风险转移程度最低、私有化类的风险转移程度最高，狭义的 PPP 概念则指介于二者之间的中长期政企合约。以 PPP 的典型模式"设计—建造—融资—运营"（Design-Build-Finance-Operate，DBFO）为例：在该模式下，政府首先根据需求进行招标，然后由几家公司组成承包共同体，与政府签订长期合同；由于项目规模巨大，承包公司会向银行和社会资本融资，而政府为融资提供担保或购买单一险种进行增信；融资后项目公司根据政府的需求设计、建造公共设施；项目完成、进入运营阶段后采用政府或使用者付费的形式收回成本并赚取合理收益；为了维护公共利益，政府对服务、收费标准保留一定的控制权（刘晓凯、张明，2015；李虹、黄丹林，2014）。在我国，BOT（Build-Operate-Transfer）是 PPP 模式中运用最广泛的一种（刘薇，2015）。政府根据需求进行招标，由私人部门负责设计、建造公共设施，并在一定时期内运营和维护，合同期满该设施被移交给公共部门，解决了政府基础建设资金短缺的问题。本文选择广义的角度，在案例中对政府和社会资本合作的不同类型进行探讨和比较。

三　文献综述

（一）PPP 相关研究

1. PPP 风险

风险被视为一种不确定的可能性，一旦发生可能会导致成本增加或项目延期。由于投资巨大、合同周期长、融资结构复杂、利益主体多元，PPP 项目与传统的公共采购、私有化、外包项目相比面临的风险种类更多、风险程度更高（柯永建，2010；李虹、黄丹林，2014；Wang et al.，2018）。因此，风险管理是 PPP 的核心概念之一。当前 PPP 风险研究主要围绕风险识别和风险分担两部分开展。

风险识别是风险分担的基础，主要内容为预测 PPP 项目中潜在的或客观存在的风险因素并对其进行归类。既有研究大多通过案例研究、文献回顾、问卷调查等定性方法分析不同国家、不同行业的 PPP 项目风险。比如亓霞等（2009）分析了 16 个案例，将 PPP 项目失败的原因归纳为 13 个风险因素。Ozdoganm 和 Birgonul（2000）在阅读了大量文献的基础上以发展中国家的 BOT 项目为例，将主要的风险因素归纳为市场、财务、政治、法律、建造和经营六类。柯永建（2010）综合运用了案例、文献、问卷三种手段列出了中国 PPP 项目风险清单共包括 37 个风险因素。Hastak 和 Shaked（2000）运用 Analytic Hierarchy Process（AHP）方法分析了国际工程项目，识别出 73 项风险因素并提出了项目、市场、国家三个层级的风险分类方案，受到了学界的广泛认可。

风险分担是 PPP 区别于传统政府采购项目的一个关键特征。如何在项目各参与主体之间公平合理地分担风险是 PPP 领域的研究重点。既有研究提出了一些风险分担的方案。有学者提出以不同部门的控制力为标准，把风险分担给更能管理好它的一方（Rutgers & Haley，1996；刘新平、王守清，2006；王雪青等，2007）。比如建筑风险、经营风险和需求风险应当由私营部门承担（Athias，2013；Albalate et al.，2015），而法律变更、公共政策、公众价值观等风险要交给政府来处理（Chung et al.，2010）。也有学者认为风险分担要遵循风险与收益相匹配的原则（罗春晖，2001；刘新平、王守清，2006）。因为公、私部门具有经济理性，如果风险大于收益，双方将不会结成伙伴关系（Wang et al.，2018）。还有学者认为风险分担必须考虑项目参与者的风险态度，当经营者为风险规避型而政府呈现风险中性态度时应由政府多承担部分风险（张水波、何伯森，2003；Crampes & Estache，1998）。尽管学者们提出的方案都具有一定合理性，但落实到实践层面依旧存在诸如不同的分担方案相互矛盾、公私部门具体的风险承担比例模糊等问题，可操作性较低，对 PPP 实践所提供的参考价值有限。

2. 养老 PPP

国外学者很早之前就倡导将 PPP 模式运用到养老领域。他们探讨了政府与社会资本合作的重要性和实现路径（Shulman & Galanter，1976；McGill，1988；Moody，2004），并在实践中逐渐形成了相对成熟的体系。而国内的社会化养老和 PPP 模式尚处在起步阶段，关于养老 PPP 的研究主要集中在适用性方面。部分研究认为，在养老项目中引入 PPP 模式具有必要性。政府与社会资本合作能够有效解决目前公办机构财政资金不足、私营机构融资困难的问题，填补床位空缺，确保养老行业实现"增量"。将私营部门引入传统的公共行政领域还能够提高效率，民间资本天然具有的逐利性可以准确识别市场需求，优化供给结构、培育养老人才，达到"提质"的目的（胡桂祥、王倩，2012；郜凯英，2015；郝涛等，2017）。此外，学者们还论证了在中国推广养老 PPP 项目的可行性。一方面，为了应对越来越严重的老龄化问题，国家出台了一系列支持、引导民间资本通过 PPP 模式参与养老行业的政策、法规。另一方面，随着我国经济发展，城乡居民储蓄额迅速增长，这表明我国存在大量闲置的民间资本，投资潜力较大（贾丽、徐振宇，2014；王培培、李文，2016；郝涛等，2018）。

有少数学者关注到了养老 PPP 项目的实施现状。在我国，PPP 介入养老模式总体上仍处于起步阶段，项目数量少、落地率低、发展不平衡（孙玉栋、郑垚，2018；徐宏、岳乾月，2018）。首先，大多数养老 PPP 项目都面临制度性保障欠缺的风险。中央出台的 PPP 政策为实践指明了大方向，但具体的操作办法还需各地自行摸索。有的地方政府与项目使用者的信息不对称，导致前期规划失误，成为项目实施的不稳定因素。缺少法律法规的约束，地方政府信用风险发生的概率更大，打击了私营部门参与的积极性（章萍，2018；何寿奎，2018；韩喜平、陈茉，2018）。其次，项目的管理运营存在问题，许多机构处于长期亏损状态，缺乏自我"造血"能力。养老是公益性强、营利性弱的产业，容易陷入融资困境，即使政府担保贷款也可能会让私营部门严重负债。种种情况使社会资本有所顾虑、不敢轻易"下水"尝试（章萍，2018；徐宏、岳乾月，2018；孙涛等，2020）。最后，养老服务需求与社会资本投资偏好不匹配。当前我国养老市场缺口最大的是基本保障型和中端型养老服务，而私营部门更热衷于高端项目以期更大的市场回报，这导致我国养老PPP项目布局不合理，使兼具公益性和营利性的机构难以找到自身定位（何寿奎，2018；韩喜平、陈茉，2018）。

（二）政策风险相关研究

1. 政策风险及其关键因素

公共政策是政府决定做或不做的事，其根本目的是调控社会利益关系、促进文明进步。而政策风险则是政府的决定不仅没有带来预期收益，反而产生了负效应的可能性。政策风险何以生成？部分学者从政策过程理论出发，大致归纳为三个方面的因素。一是不同利益主体之间信息获取不足、交流沟通不畅，导致政府、公众、媒体等对政策的感知存在较大差异，尤其是公共政策往往目标群体多、覆盖范围广，有效沟通变得更加困难。二是公共部门内部碎片化，不同层级、不同职能的主体之间边界模糊、权责不清，各自的利益诉求和短期目标存在差异，成为政策制定和执行的阻力，大大增加了风险发生的概率。三是公共政策系统本身的复杂性和关联性，它与社会政治、经济环境密不可分，一个新政策的出台牵一发而动全身，可能会产生意想不到的效果（朱正威等，2015；钱再见，2001）。这些研究主要关注到了信息获取、政府结构和政策系统对政策风险的影响。

2. PPP政策风险相关研究

当前国内PPP风险研究主要围绕风险识别和风险分担两个热点开展，极少完全针对政策风险及其生成机制进行分析。但部分学者的PPP风险相关研究仍然可以为本文提供指导。Hastak和Shaked（2000）将PPP风险分为项目、市场、国家三个层级，而政策风险正是国家层级的风险之一。目前国内的PPP项目政策风险主要包括合同结构和政策变更两大类（彭桃花、赖国锦，2004；陈敬武等，2006）。

在识别风险因素方面，亓霞等（2009）的研究以青岛威立雅污水处理项目为例对政策风险进行分析，认为地方政府对PPP项目态度的频繁转变，信息收集不足导致了政治决策失误或冗长的风险。柯永建（2010）通过文献阅读和问卷调查识别出了政策风险，他将其归因为官僚作风、决策流程不规范和政府前期准备不充分。赖丹馨（2011）和周耀东、余晖（2005）也注意到了政策对 PPP 项目失败的影响，他们认为中国作为一个新兴市场国家，其法律法规还不够健全，且政府天然具有权威，这为政策失败在某种程度上提供了条件。这些因素可以大致归纳为信息获取、决策流程、制度和政策环境三个方面。

在风险分担上，柯永建（2010）运用两轮德尔菲调研对 37 个项目风险进行分担偏好分析，结果表明政策风险作为国家层级的风险之一应当由公共部门承担。Arndt（1998）在进行案例研究、分析墨尔本 City Link 项目时指出，如果政府行为导致项目收益减少应当由政府补偿。但是这些研究主要基于项目管理和经济学的理论分析问题，缺少公共管理视角，没有考虑到地方政府的行动逻辑。

（三）文献述评

目前国内研究养老 PPP 的文献较少，大部分研究仍停留在应然层面。这些研究主要探讨了在养老领域引入 PPP 模式的必要性和可行性，以及养老 PPP 项目应该如何进行路径选择。有少数学者注意到了部分项目在现实中面临的实际问题，但分析的视角比较宏观，缺少具体、深入的讨论。

风险研究是 PPP 研究的热点，相关文献数不胜数，但没有很好地回答本文的研究问题。一方面，现有研究注重如何对 PPP 风险因素进行识别和分类，并且试图在公私部门之间寻找一个公平合理的风险分担方案，并没有专门针对政策风险开展研究，并且忽视了对风险生成机制的探索。另一方面，这些文献大部分从经济学和项目管理的视角出发研究 PPP 风险，缺少公共管理的视角，没有考虑到地方政府的行动逻辑，因此需要新的研究进行补充。

四　理论基础与分析框架

基于已有文献，本文将主要从政府结构、信息获取方面解释政策风险，并从上级政府、地方政府、养老机构三个行动主体出发，通过压力型体制理论、信息不对称理论、资产专用性理论构建分析框架，深入探究养老 PPP 项目面临的政策风险及其生成机制。

（一）压力型体制理论

荣敬本（2013）提出，我国的行政制度是一个压力型体制，运用数量化的任务分解机制和物质化的多层次评价体系来实现目标。具体来说，当国家提出某个建设目标时会将其拆解为可操作、可量化的小指标分配给下级政府完成，并且对没有完成任务的对象进行处罚，在维稳等重要任务上甚至会采取"一票否决"（杨雪冬，2012）。由此可以推出，当上级政府突然下达某项任务时，地方会将完成指标视作短期内具有最高优先级的工作，其他行政事务都要暂时搁置。如果任务具有紧急性，面对来自上级政府的政治性压力，地方还会发起运动式整治，其间所有相关政策会突然收紧。这些突如其来的考核指标和整治运动会导致地方政策频繁变动、政策系统稳定性不足，使 PPP 项目面临政策不确定的风险。

（二）信息不对称理论

信息不对称原本是一个经济学领域的概念，指交易双方因获取信息不同而产生"逆向选择"和"道德风险"问题（仵志忠，1997）。由于社会劳动分工的发展和专业化程度的提高，不同行业之间、专业与非专业之间的信息不对称在逐步加深（辛琳，2001）。PPP 模式强调公、私部门合作，其本身就是一种充分利用双方掌握的不同领域的信息、化解信息不对称的有效手段。但在实践中，政府传统上的强势地位导致对市场信息不敏感的公共部门主导项目。由此可以假设，在养老 PPP 项目中，政府作为服务提供的主导者与使用者之间存在信息不对称问题，不能准确把握市场需求。同时，公共部门与私营部门之间也存在信息不对称问题，政府对社会资本的前期投入、盈利水平、成本回收周期等不了解。信息不对称容易造成决策失误，比如合同设计不合理、政策突然变更等，并由此产生政策风险。

（三）资产专用性理论

资产专用性指的是资产能够用于不同生产途径且不损害其生产价值的程度（牛德生，2004）。如果一项资产在某一特定用途上产生的价值最高而一旦改变用途其价值会大大降低，该资产就具有较高的专用性。资产专用性的本质是一种锁定效应（张维迎，1996）。意味着资产一旦投入，双方必须按期履约，否则投入方将承担资产的价值损失，原因是资产所有者无法在不损害专用性资产生产价值的条件下改变其用途。这导致持有贵重资产、专用性资产的一方具有某种脆弱性，对合作伙伴高度依赖且容易受到机会主义行为的损害。养老行业是典型的高资产专用性行业，并且具有重资产的特点。社会资本前期在场地装修、专用设施、护理员培养等方面投入巨大，并且这些资产一旦改变用途就会大幅贬值。由此可以推断，地方政策频繁变动、政府决策失误会给养老行业造成更严重的负面影响，即养老 PPP 项目抵抗政策风险的能力更弱。

本文的分析框架如图 1 所示。

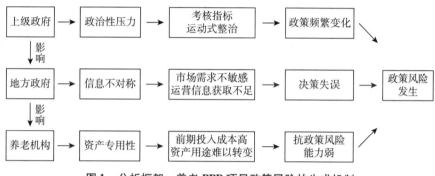

图1 分析框架：养老 PPP 项目政策风险的生成机制

五 研究方法

（一）案例研究

案例研究是一种实证研究方法，其研究对象为存在于客观情境中的现象，并且现象和情境之间的边界往往不够清晰。根据罗伯特·K. 殷（2004）的观点，研究者选择何种研究方法取决于所要回答的问题类型和对研究对象的控制范围、程度两个方面。社会科学研究主要是出于探索、描述、解释三个目的，如果研究者从事的是解释性研究工作，即"怎么样"和"为什么"，那么案例研究法、历史分析法、实验法是更合适的研究方法。进一步区分，当研究者无法接触和控制研究对象时应当采取历史分析法，案例研究法适用于研究发生在当代但无法进行控制的事件，而实验法的实施条件则是研究者能够直接、精准、系统地控制事件过程。这也是本文选择案例研究法的理论依据。

本文以深圳市福田区的养老 PPP 项目发展为例，试图对其政策风险及生成机制进行深入分析。福田区作为深圳市老龄化程度较高的地区，从2014 年起就开始陆续推出养老 PPP 项目，这为研究积累了丰富的现实素材。同时，政府出台的各项政策、政府的决策流程、与企业签订的合同等都对项目运行产生了较大的影响，桐林广场项目被迫中止、沙头街道老人托养中心至今未能投入运营，其他机构也面临入住率低、收支不平衡等问题。这使得福田区的实践具有一定的代表性，能够较好地回答本文的研究问题。

（二）数据收集方法

1. 一手资料收集

访谈法是质性研究的主要方法之一，访问员需要与被访者围绕某一主题进行深入交谈。通过访谈，研究者能够获取大量文本性资料，为理论建构打下基础。此次研究基于扎根理论、运用半结构式访谈提纲，对参与深圳市福田区养老 PPP 项目的四家机构和福田区民政局、街道办的相关负责人进行了深度访谈。

参与式观察主要通过对研究对象系统地观察记录来获取研究资料。团队走访了福田区参与 PPP 项目的四家养老机构，嵌入到研究情境中，直接观察机构的运作情况，真实记录一手资料。调研的相关信息如表 1 所示。

表 1　深圳市福田区养老 PPP 项目调研相关信息

调研时间	调研方式	参与部门
2019 年 11 月 14 日	访谈	深圳市福田区民政局
2019 年 11 月 14 日	访谈、参与式观察	深圳市福田区福利中心
2019 年 11 月 14 日	访谈、参与式观察	深圳市华龄老年服务中心
2019 年 11 月 14 日	访谈、参与式观察	福田区园岭八角楼托养中心
2019 年 11 月 15 日	访谈	深圳市福田区沙头街道办事处
2019 年 11 月 15 日	访谈	沙头街道老人托养中心
2019 年 11 月 15 日	访谈、参与式观察	3H 颐养复康中心（共享之家）

2. 二手资料收集

此次研究的二手资料收集范围包括已有文献、公开文件、统计数据、宣传资料以及政策文本等。研究者梳理了"养老 PPP""PPP 风险""政策风险"方面的研究进展和理论成果，为新的研究打下基础。此外，深圳市福田区从 2014 年开始陆续推出养老 PPP 项目，几年实践积累了大量资料和数据，团队通过政府网站、书籍等渠道收集到二手资料，为下一步的文本分析提供了有利条件。

六　案例分析

（一）深圳市福田区养老 PPP 项目建设背景

福田区是深圳市的中心城区、市委市政府所在地，在 2018 年全国百强区的评选中位列第三。根据深圳市统计年鉴，截至 2018 年底，福田区常住人口约 163.37 万，人口密度高居全市第一。与此同时，福田区作为老城区，老龄化程度十分显著，目前深圳市 60 周岁以上户籍老人约占总户籍人口的 8.5%。老龄人口不断增加的同时，福田区空巢老人数量也较多，加重了当地的养老负担。

为了应对老龄化问题，国务院从 2013 年起陆续出台了一系列推动加快老龄事业和养老体系发展的政策，要求各地开放养老服务市场、支持社会力量兴办养老机构、加快养老服务行业"放管服"改革。广东省和深圳市也相继制定了"十三五"养老服务规划和每千名户籍老人拥有养老床位数目标。在此背景之下，深圳市福田区从 2014 年开始陆续策划了四个养老 PPP 项目，包括已建成并投入运营的福田区福利中心、梅林街道梅京社区托养中心（包含桐林广场老年人托养中心与梅京社区老年人托养中心两个子项目）、福田区园岭八角楼托养中心项目和已装修完成但尚未开始营业的沙头街道老人托养中心项目。目前投入使用的三家机构为福田区新增养老床位超过 600 张。

福田区的实践也暴露出一些问题。养老是资产专用性高的微利行业，抗风险能力弱，大部分养老机构面临土地设施投入高、融资难度大的问题。因此在 PPP 项目中往往由公共部门提供经营场地、财政补贴和贷款担保，专用资产被套住（Lock-in）也导致私人资本高度依赖政府，表现出政策敏感的特点。然而当前国内的大环境是制度性保障普遍欠缺，社会化养老和 PPP 模式在我国尚处在起步阶段，中央的政策还停留在鼓励推广和原则性规范的层面。地方政府在实践中自行探索具体的操作办法，提高了项目的政策风险。2015 年因消防政策变化，原桐林广场项目被迫终止；由于信息不对称，沙头街道老人托养中心至今未能投入运营；其他三家机构也存在入住率低、难以维持收支平衡的问题。随着深圳市 2017 年出台公办养老床位轮候入住，以及在 2019 年扩大全市兜底性床位数量政策，福田区的养老社会化改革逐渐呈现倒退的倾向，这也和全国各地大力推广公共服务市场化的局面形成了鲜明的对比。因此，有必要对本文的研究问题"养老PPP 项目的政策风险是如何生成的"进行深入的探讨和分析。

（二）福田区养老 PPP 项目发展历程

1. 社会化养老的改革尝试

2010 年，福田区开始运营全市第一家社区一级日间照料中心，即园岭八角楼托养中心的前身。这也是福田区首次改革原来的公办养老机构、采用"公办民营"的方式提供养老服务。这间日间照料中心由一栋福田区政府办公楼改造而成，产权完全归政府所有，2010 年面向社会招标。因社会资本参与积极性不高、招标结果不理想，项目被委托给"创乐福"运营。"创乐福"是 2008 年成立的民办非营利组织，其负责人曾在妇联工作，政企分开时下海，后来逐渐转做居家养老服务。该项目以福利性、公益性为主，优先收住"三无""五保"等生活困难老人，由福田区民政局负责业务指导，并接受各街道办的监督管理。2013 年，深圳市市长要求各街道在2015 年前至少建成一家日间照料中心，同年福田区超前完成指标。深圳大力推广的日间照料养老服务主要是参照经济发达地区的做法，但这一模式在实践中却有些"水土不服"。由于缺少完善的配套服务，尤其是接送老人的福祉车较少，机构的入住率较低。同时大部分日间照料中心的经营模式较为粗放，只能提供简单且低附加值的服务，机构自我造血能力不足。因此，福田区从 2014 年开始改变思路，尝试把部分日间照料中心升级改造成为"颐康之家"。

"颐康之家"是同时具备日间照料和全托功能的社区一级养老机构。福田区大部分"颐康之家"采用"公建民营"的运营模式，同样是公共部门出资建成并拥有所有权，主要提供公益性服务。政府通过统一招标等公共服务采购方式将运营权移交给私营部门，社会资本方接受区民政局的业务指导和街道办的管理监督。相较于日间照料，全托模式更好地满足了老人的需求，配套的护理、医疗、保健服务也产生了一定的经济价值，具有更强的自我发展能力。然而，公共服务采购只能签三年短期合同，如果合同期间私人资本方表现良好可续签两次，一次两年。一家机构最多能和政府签订七年合同，这不利于维护养老这一高投入行业的可持续发展。恰好从 2013 年起中央就大力推广 PPP 模式，福田区由此想到将 PPP 作为突破点。

2. 养老 PPP 项目的发展历程

从 2014 年开始，福田区就陆续推出了 4 个养老 PPP 项目，策划最早的是沙头街道老人托养中心。为了腾出地来发展养老事业，沙头街道从 2013 年起就跟星河地产公司谈判，2014 年 4 月签订了为期 5 年的土地物业租赁合同。双方约定如果在 2019 年 4 月前养老项目能正式投入运营，星河地产公司将直接与运营方合作、续租土地。经过一年多的方案论证，2015 年 8 月沙头街道老人托养中心项目公开招标，引入资本方负责项目租金、装修改造和运营费用，政府提供一定补贴，建成后可放置大约 60 张养老床位。因社会资本参与积极性不高、投标人不足三家而流标三次，最终在 2016 年 8 月通过单一来源采购方式与"幸福世家"达成了 6 年的 ROT（改造—运营—移交）协议，合同还约定深圳市慢性病防治中心将在该机构设置一个社康中心。经测算，"幸福世家"大约需要投入 1000 万元的改造费用、每月 20 多万元的土地租赁费用，政府则补贴前 3 年 70% 的土地租金，并在项目正式运营后按年限分批补贴装修费累计 300 万元。2016 年 9 月项目开始装修，因场地较大、楼体情况复杂，装修方案被深圳市慢性病防治中心反复修改。其间"幸福世家"被中能源电力燃料有限公司收购，因股权问题公司资金被冻结装修被迫中止，直到 2017 年 3 月才重新复工。2019 年 4 月一期土地租赁合同到期，托养中心仍未正式运营，星河地产公司拒绝与"幸福世家"签订续租合约，项目陷入僵局。

2015 年，福田区将桐林广场和梅京社区老人托养中心两个 PPP 项目的经营权打包面向社会进行统一招标，引入社会投资人负责项目的装修、设备购置与后期运营。其中桐林广场项目已装修完毕并配备了部分设施。同年 5 月，河南省鲁山县康乐园老年公寓发生特别重大火灾事故，公安部和民政部由此联合制定《社会福利机构消防安全管理十项规定》，要求社会福利机构落实消防安全责任、定期组织消防安全检查。为此，深圳在全市范围内开展夏季消防安全大检查活动，对存在消防安全隐患的单位责令整改、临时查封或直接关停。同一时期，新出台的《建筑设计防火规范》也提高了养老机构的消防验收标准。受此双重影响，桐林广场项目被迫终止。而梅京社区老人托养中心项目则顺利投入使用，机构占地 478.5 平方米，设置 15 张床位，目前已入住 12 人，原则上收住福田区户籍老人和梅林街道居民。该项目运营期限为 8 年，除了提供日间照料、托养等普惠性服务，投资人还可以根据辖区居民需求和自身条件开展经营性项目。普惠性经营内容要按照民政局相关规定进行定价，投资收益率不得高于同期同类项目平均水平。

2016 年 7 月，福田区第一家日间照料中心合同到期，区政府收回物业后欲将其改造成托养中心，并将经营模式转为 PPP，原来日间照料中心的运营方"创乐福"继续中标。该项目主要为福田区户籍老人服务，所需土地和两栋大楼由政府免费提供，而与"公建民营"模式有所不同的是，此次合同要求社会资本自行装修、购置设备并自负盈亏。"创乐福"先后投入大约 900 万元，政府则提供床位补贴和大约 500 万元的改造补贴，同时予以一定的税收优惠。改造后的园岭八角楼托养中心设有 160 多张市场性床位，每人每月平均收费 4200 元，目前入住 80 人。

2016 年 10 月，福田区福利中心公开招标，经过两轮评选万科中标，双方于 12 月签订 15 年的 PPP 项目合作协议。该中心由福田区政府和市福彩公益金共同出资兴建，于 1998 年投入运营，最初是完全公办的社会福利机构，后改为 PPP 试点项目。万科接手后投入约 2500 万元进行改造，福田区政府补贴床位费和 880 万元改造费，同时予以税收减免。合同约定养老机构将主要服务福田区户籍老人，并保障"三无"、低保、优抚等户籍老人享受到政策性托底养老服务。福利中心设有 150 张政策性床位和 270 张市场性床位，两种床位执行相同的服务标准。其中市场性床位的收费水平根据老人的护理等级在 4800 元到 7600 元不等，政策性床位的价格则是前者的一半不到。目前福利中心入住 230 人，政策性、市场性床位各占一半。

2017 年 12 月，深圳市民政局出台了《深圳市公办养老机构入住评估轮候管理办法》，采用积分制评定入住优先级。根据民政局的有关规定，养老机构的政策性床位和市场性床位执行同样的服务标准，但前者的价格是后者的一半不到，而机构营利主要靠市场性床位。在改革前，政策性床位只面向"三无""五保"等特定人群开放，改革后凡是 60 周岁以上、具有深圳市户籍的老人均可申请轮候，且失能老人在评定中有加分优势。根据 PPP 项目合同的约定，养老机构原则上只收住福田区户籍老人，积分轮候制却大大降低了户籍老人入住市场性床位的需求。此外，失能老人是对养老床位需求最大、最能创造经济收益的群体,为他们优先安排政策性床位挤压了市场性床位的生存空间。

> 原来我们的兜底床位是针对"三无"、低保、特困老人的。但现在市里面把这个口子开了,出了一个轮候系统进行评分,在系统里根据评分来给予入住资格。这一政策使福田区甚至整个市所有公建民营、民营养老机构都受到影响,因为这个口子开了之后很多人去排政策性床位,毕竟比市场性床位便宜很多。目前是失能级别的老人有优先权轮候,当前有入住养老机构需求的主要是这部分人,政策性床位基本把这部分人的需求解决了。这样一来市场性床位就没有人去了。①

2019 年 8 月,国务院颁布了《中共中央国务院关于支持深圳建设中国特色社会主义先行示范区的意见》,提出要将深圳市建成"老有颐养"的民生幸福标杆。为了实现这一目标,深圳市政府设立了政策性床位占户籍老人数 0.5% 的绩效考核指标并作为区政府评优重要参考。面对大量床位缺口,政府通过向养老机构购买的方式补齐。兜底床位增加进一步削弱了老人对市场性床位的需求,且根据 PPP 项目合同,政府要购买政策性床位机构必须无条件配合、政府无须补齐全部差价。这使得福田区政府从 2010年开始尝试的社会化养老改革呈现倒退的趋势。

> 现在有个情况就是市里面搞了个很奇怪的指标……就是政策性养老床位占户籍老人人口数的 0.5%,福田区现在是十万户籍老人,按这一指标我必须配备 500 张兜底养老床位,这个 0.5% 的指标你完成了也只是算达到基础分,满分是在原来基础上再提高 50%,也就是0.75%,这就等于我们需要拿 800 张床位来走兜底床位才能拿满分,500 张是及格分。目前区福利中心兜底床位是 150 张,所以我们的床位缺口达 650 张,对于这个指标福田区每年都是吊车尾……800 张床位已经超出了我们现有的能力……一般普惠性质的养老床位我们都买完了。这样一来,我们辛辛苦苦推进养老机构社会化运营,回过头来

---

① 2019 年 11 月 14 日在福田区民政局对负责人 A 的访谈。

现在又全部变成公办床位。①

（三）政策风险的生成机制

1. 上级政府的考核压力

从 2013 年起，中央、广东省、深圳市分别出台了养老服务"十三五"规划，对新阶段养老事业如何发展做了详尽的部署，市一级的规划具体到每个区应当建设多少个日间照料中心、每一千个户籍老人要配备多少张养老床位，作为绩效考核的标准与评优挂钩。同时，中央大力推广 PPP 模式，要求各地建设 PPP 项目库、筹集配套资金、吸引社会资本，并进行绩效考核，对地方政府形成压力。这也是福田区试行养老 PPP 项目的重要动力之一。

> 2013 年的时候市长要求在 2015 年之前各街道必须建成一家日间照料中心。福田区在这方面走在前面，2013 年的时候已经把指标完成，建了很多日间照料中心。②

首先，上级政府下达的部分行政任务会与当地的整体发展规划相冲突。但地方政府迫于压力，仍然会将完成指标作为短期内最重要的任务。2019 年 8 月，国务院下发文件要将深圳建成"老有颐养"的"民生幸福标杆"。市政府将这一任务分解为"每一千名户籍老人配备至少 5 张政策性养老床位"等可测量的指标，如不能按期完成则影响全区的评优。

> 国务院下发文件说要将深圳打造成社会主义先行示范区，要求做成老有颐养，民生幸福的标杆。市里将对此进行考核评绩效，这个绩效会影响全区所以不能含糊。它的逻辑就是政府把所有有养老需求的老人都纳入兜底范围。③

而这与此前福田区一直在探索的社会化养老改革相悖。政策性床位的

---

① 2019 年 11 月 14 日在福田区民政局对负责人 A 的访谈。
② 2019 年 11 月 14 日在福田区民政局对负责人 A 的访谈。
③ 2019 年 11 月 14 日在福田区民政局对负责人 A 的访谈。

增加挤压了市场性床位的市场需求，为项目发展带来风险。

> 现在全市都面临这么一个情况。未来的话，没办法，毕竟现在开了这个口子，你做任何事情也得考虑市场规律，同等条件下价格更低的话一般居民肯定会选择价低的养老机构。①

其次，在面对政治性压力时地方政府还会采取运动式整治的手段在短期内完成高难度目标。由于安全生产事故会造成比较严重的人员伤亡、经济损失和恶劣的社会影响，因此许多地方都对此类事故实行一票否决，给政府带来巨大的压力。养老机构是人员高度密集的场所，为了避免出现安全事故，养老行业执行的消防标准一直都很严格。2015 年 5 月，为了回应中央政府关于加强社会福利机构消防安全管理的要求，深圳市开展了长达 4 个月的夏季消防安全专项检查运动。

> 26 日晚、27 日上午，公安部连续召开了有关深刻吸取河南省鲁山县"5·25"特大火灾事故教训、深化夏季消防检查电视电话会议。为及时贯彻上级指示精神，天安派出所积极践行"马上就办"精神，扎实做好辖区消防安全工作。（福田区公安分局，2015）
>
> 为切实加强夏季火灾防控工作，广东省深圳市公安消防部门自 5 月 28 日起至 9 月 20 日，全面开展夏季消防安全大检查，建立长效机制，着力提升防范和救援能力。（王若琳、肖晶晶，2015）

同时，这一时期深圳市的消防政策也突然收紧，新实施的《建筑设计防火规范》要求所有养老机构配备两条独立的消防通道。区政府在压力之下，不得不通过违约行为，即关停一些消防验收不合格的项目来应对压力。

> 2015 年要求养老机构必须有独立的 2 条消防通道……在那之前我们在福田区有 6 个养老项目，在罗湖区有 4 个养老项目。其中 2 个有

---

① 2019 年 11 月 14 日在福田区福利中心对工作人员 B 的访谈。

消防硬伤就退出了。①

由此可见，上级政府下达的各项行政任务给地方带来了考核压力，影响了当地养老事业发展规划的整体性。同时，政府在面对压力时采取的运动式整治等治理手段造成地方政策的不确定性。这些因素都导致政策系统稳定性不足，增加了 PPP 风险发生的概率。

2. 地方政府的信息不对称

政策风险的产生还在于政府与其他主体之间的信息不对称。由于政府并不直接参与社会生产经营活动，在接收市场信息方面存在滞后性，因此会出现决策失误的现象。政府与社会资本合作模式原本是通过公私部门共担风险、责任、成本和收益来解决纯公办、纯民营模式面临的问题，在二者之间找到一个折中的平衡点。但现实情况是公共部门设计、主导了整个项目，规定了项目的经营内容、风险分配方式等。原本私营部门对市场信息敏感的优点没有得到充分发挥，养老 PPP 项目整体上不适应市场环境。

一方面，公共部门与养老服务的使用者之间存在信息不对称，表现为政府对养老行业的市场需求不敏感，这一问题贯穿了深圳市整个社会化养老改革的全部阶段。2010 年深圳市计划在全市兴建 100 家日间照料中心、覆盖所有街道，但项目正式投入运营后才发现老年人没有需求、机构亏损。投入大量财政资源却未产生效益，项目被迫终止。养老 PPP 也是如此，以目前投入运营的三家机构为例，除了体量较小、仅放置了 15 张床位的梅京社区托养中心之外，剩下的两家机构入住率仅有 50% 左右，其中相当一部分是政策性床位。与之形成对比的是纯民营的养老机构，尽管其床位价格是 PPP 养老机构的三倍，但入住率却在 90% 以上。

> 2014 年的时候有一家叫共享之家的高端养老机构，那时候收费每人高达两三万元，我那时候就很疑惑这么高的收费谁会去，通过这几年市场调节运营之后，现在的价格相对降了一些，收费一两万元，也挺贵的，但四十几个床位都满了，现在还在龙岗开了一家。公建民营的机构，条件没那么好，但是费用比高端养老机构低很多，却住不满。②

---

① 2019 年 11 月 14 日在福田区园岭八角楼托养中心对负责人 C 的访谈。
② 2019 年 11 月 14 日在福田区民政局对负责人 A 的访谈。

另一方面，公共部门与私营部门之间同样存在信息不对称，表现为政府对社会资本的运营情况如利润率、收回成本的周期、合理的入住率和收费水平等不了解，PPP 项目设计不合理。许多情况下是上级部门牵头要搞改革，下级部门为了完成任务，尤其是为了完成"每一千名户籍老人拥有床位数"这一指标而匆忙挂牌上马。

信息不对称导致政府决策失误，使项目经营面临风险。2017 年 12 月深圳市采用积分制评定入住优先级，将原来只面向"三无"、优抚等特定人群的兜底性床位改革为凡 60 周岁以上户籍老人均可申请轮候，市场性床位的需求大幅降低。在合同设计方面，目前大部分机构盈利水平较低、难以维持收支平衡。以沙头街道老人托养中心项目为例，社会资本方需要承担每个月 20 多万元的土地租金、1000 万元的装修改造费和其他运营费用，而正式投入运营后仅能放置 60 张床位。因此项目在前期招标过程中社会资本参与积极性不高。

> 那肯定是没钱，明摆着没钱赚，两年搞得到多少钱回来？不可能的。我都说了他们这个公司不是为了赚钱。包括万科，做什么都比这个强啦，说白了，就是为了知名度，以后招标什么的介绍他们公司好听点，我们公司有养老什么什么的。他们也不是为了赚钱的，说实话。他们知道这个项目是亏本的。[①]

同时 PPP 项目合同规定，养老机构原则上只收住福田区户籍老人。但在积分轮候政策出台后，公办床位解决了户籍老人的需求。为了给机构留出盈利的空间，政府对收住非户籍老人采取了默许态度。

> 我们对外还是公办养老机构嘛，所以还是以福田户籍老人优先。但是很多市场化的需求，我们就默认了，不然人家怎么生存。你也可以收非户籍。你让人家来招标了，你得让人家生存下来。[②]

3. 养老机构的资产专用性
养老机构的服务对象主要是失能或半失能老人，提供的服务具有一定

---

① 2019 年 11 月 15 日在沙头街道办对负责人 D 的访谈。
② 2019 年 11 月 14 日在福田区福利中心对工作人员 B 的访谈。

的专业性，准入门槛较高。因此与环卫等轻资产行业相比，养老服务业的前期投入较大。在场地方面，为了将政府提供的物业改造成符合养老服务标准的专用设施，"创乐福"投入了800多万元装修费用，"幸福世家"投入约1000万元改造费，万科前后投入了约2500万元装修费用。

> 养老现在需求量也是很大，但是很少会有纯企业去做养老，养老的投入是非常大的，而且回报周期长。对于企业经营上来说是一个非常大的压力。我们现在龙岗那边的项目一直处于亏损状态，这边也就刚刚持平。[①]

同时，养老行业还具有资产专用性高的特点。目前福田区推出的4个养老PPP项目都采用ROT（Repair-Operate-Transfer）模式。在政府解决用地问题的前提下，私营部门的主要开支包括场地装修、专用设施配备和专业护理员工资。由于社会资本方是在政府所有或租赁的物业内装修，一旦项目流产这部分的投入将无法收回，因为既不能带走也不能转作他用。而康复保健仪器、失能老人接送车等专用设施如果改变用途将严重损害其生产价值。专业护理员转业也会使私营部门损失前期培训的投入。这意味着参与养老PPP项目的社会资本被锁定，要避免资产的价值损失必须确保项目顺利进行。因此私营部门对合作方的依赖性增强，抵抗风险的能力下降。

> 我们这老人的平均年龄为82岁，您刚才看我们这些老人基本上都是需要照顾的。所以说老人的考虑是什么？我生病了你怎么办？我的医疗的配套是他能够住我这机构的一个首要的条件……好像深圳就是说本来做日照，但是因为缺乏那种交通的车辆，我们有一辆福祉车，就是刚才在门口的车，福祉车不是每个院都能配的，我们的福祉车差不多要40万元一辆……我们跟香港复康会签订了1对1的合作协议，就是他们的康复师来我们这儿手把手教我们的康复师、他们的护理团队带我们的护理团队，把它copy过来，代价很大的，上百万元的学习费

---

① 2019年11月15日在共享之家对工作人员E的访谈。

用，而且每一年年审的费用也很高。①

对于任何一家机构而言，长期、稳定与政府合作肯定是有好处的。前期的装修啊，市场的认识啊，老人的接受度啊，其实都需要花时间的。这个过程一般要花 2～3 年的时间。而且这次我们投入的成本非常大，花了近 900 万元。②

对于前期投入大、资产专用性强的行业而言，相对稳定的环境是非常重要的。而地方政策频繁变动、地方政府决策失误等都使行业的生存环境缺乏稳定性。桐林广场和沙头街道项目在社会资本方投入装修费用、购置专用设施之后因政策变化和决策失误无法投入运营，私营部门受到了严重损失，非专用性资产可以轻易改变用途并快速投入到其他生产活动中以挽回损失，而专用性资产则相反。因此养老服务业的资产专用性特点使其更容易受政策风险的侵害。

这个 PPP 项目呢，本来就是一个没钱赚的项目，是一个失败的项目。他一下要投资差不多一千万进去，包括设备啊、装修啊、管理费啊各方面，根本不赚钱……这也不是它（幸福世家）一家造成的，我们政府要有责任，造成大家扯了这么久没有搬进去……一个地方拖了几年它也接受不了。③

七　结论与讨论

中国养老领域的 PPP 供给模式发端于社会化养老改革和 PPP 热潮的双重历史背景。随着养老 PPP 项目在地方政府实践中逐渐兴起，以及决策失误所导致的养老项目失败案例的出现，越来越多的学者开始关注政策风险这一议题。我国当前实行对上负责的科层制度，自上而下的行政发包以及间断性的运动式整治使得地方政策系统稳定性不足，甚至出现"政策打架"的现象，成为潜在风险。此外，在 PPP 项目中，政府通常扮演了主导

---

① 2019 年 11 月 15 日在共享之家对工作人员 E 的访谈。
② 2019 年 11 月 14 日在福田区园岭八角楼托养中心对负责人 C 的访谈。
③ 2019 年 11 月 15 日在沙头街道办对负责人 D 的访谈。

者的角色，对市场信息不敏感，信息不对称导致合同设计不合理，为项目失败留下隐患。同时，养老作为高资产专用性的行业，社会资本方投入多、利润低，自我发展能力不足，对公共部门高度依赖，易受政策风险影响。那么针对 PPP 项目中存在的政策风险，我们该如何采取后续的行动来化解？笔者从理论框架出发，提出以下对策建议。

在上级政府的政治性压力方面，首先，需要增强政策系统内部的一致性和稳定性。这意味着要在一定时期内保持公共政策的大方向基本不变，为实现中长期目标提供条件，避免因政策频繁变动而干扰破坏地方政府的常规运作和对公共事务的整体规划。其次，需要建设针对第三方和公众的公共事业绩效评估机制，在监督公共权力的使用、提高财政资源利用效率的同时，推动公用事业从实际出发、对公众负责的治理行为，改变目前绩效评价体系以上级考核为导向的单一性局面。最后，政府应当理顺其公共服务职能在向上负责和自主权之间的矛盾，解决基层政府治理权力在供需上的冲突。在需求侧，应当尽量为基层减负，减少突击性的运动式治理检查项目。而在权力供给方面，可以赋予基层更多的联动其他部门的权力，减轻基层部门无限兜底的工作压力。

在地方政府的信息不对称方面，需要建立平等的政企关系。政府与社会资本合作模式的目的是通过公私部门间的合作来共同分担项目的风险、责任、成本和收益，运用协同治理的手段解决纯公办、纯民营模式面临的问题，在二者之间找到一个折中的平衡点。因此，政府既不能将公共责任像"甩包袱"一样丢给私营部门，也不能越俎代庖、大包大揽，而是要尊重和发挥私营部门的优势和长处，将市场化的相关内容交给企业，同时还要坚守公共利益最大化和责任兜底的底线，促进 PPP 项目持续健康发展。

在养老机构的资产专用性方面，应适量增加政府的专用性资产投入。综合前文所述，在合作项目中通常持有较多专用性资产的一方容易被"套住"，从而会尽力确保合同能够如约履行，否则将承担资产价值损失的严重后果。在政府与社会资本合作项目的实际运作当中，往往是私营部门持有贵重的专用性资产，而政府本身的相关投入较少，因此决策不科学的现象相对容易发生。并且当上级部门出台新的政策时，地方政府就会频繁产生违约行为，导致企业权益易受机会主义行为的侵害。因此，提高政府在公共服务专用性资产方面的投入，可以形成"抵押"效应，增强公共部门的合作性和依赖性，在提高政府违约成本的同时推动公共部门科学民主决策，减少政策风险的发生。

参考文献

[1] 陈玏、李丹，2017，《PPP 政策变迁与政策学习模式：1980 至 2015 年 PPP 中央政策文本分析》，《中国行政管理》第 2 期。

[2] 陈敬武、袁志学、黄耕、李雅，2006，《PPP 项目风险的模糊综合评价方法研究》，《河北工业大学学报》第 5 期。

[3] 福田区公安分局，2015，《天安所以"马上就办"的精神落实消防安全检查》，福田政府在线，http://www.szft.gov.cn/bmxx/qgaj/gzdt/content/post_4572821.html。

[4] 郜凯英，2015，《PPP 模式应用于中国社区居家养老服务研究》，《现代管理科学》第 9 期。

[5] 韩喜平、陈茉，2018，《我国养老产业 PPP 项目运作面临的问题及对策》，《经济纵横》第 4 期。

[6] 郝涛、商倩、李静，2018，《PPP 模式下医养结合养老服务有效供给路径研究》，《宏观经济研究》第 11 期。

[7] 郝涛、徐宏、岳乾月、张淑钢，2017，《PPP 模式下养老服务有效供给与实现路径研究》，《经济与管理评论》第 1 期。

[8] 何寿奎，2018，《社会资本参与医养结合项目面临的问题与治理路径研究》，《当代经济管理》第 11 期。

[9] 胡桂祥、王倩，2012，《PPP 模式应用于养老机构建设的必要性与应用条件分析》，《建筑经济》第 2 期。

[10] 贾丽、徐振宇，2014，《在养老服务业中推广应用 PPP 模式的风险与收益分配分析》，《科技和产业》第 11 期。

[11] 柯永建，2010，《中国 PPP 项目风险公平分担》，清华大学博士学位论文。

[12] 赖丹馨，2011，《基于合约理论的公私合作制（PPP）研究》，上海交通大学博士学位论文。

[13] 李虹、黄丹林，2014，《PPP 项目风险管理研究综述》，《建筑经济》第 6 期。

[14] 刘薇，2015，《PPP 模式理论阐释及其现实例证》，《改革》第 1 期。

[15] 刘晓凯、张明，2015，《全球视角下的 PPP：内涵、模式、实践与问题》，《国际经济评论》第 4 期。

[16] 刘新平、王守清，2006，《试论 PPP 项目的风险分配原则和框架》，《建筑经济》第 2 期。

[17] 殷，罗伯特·K.，2004，《案例研究：设计与方法》，周海涛等译，重庆大学出版社。

［18］罗春晖，2001，《基础设施民间投资项目中的风险分担研究》，《现代管理科学》第 2 期。

［19］牛德生，2004，《资产专用性理论分析》，《经济经纬》第 3 期。

［20］彭桃花、赖国锦，2004，《PPP 模式的风险分析与对策》，《中国工程咨询》第 7 期。

［21］亓霞、柯永建、王守清，2009，《基于案例的中国 PPP 项目的主要风险因素分析》，《中国软科学》第 5 期。

［22］钱再见，2001，《公共政策执行的风险因素分析》，《江苏社会科学》第 6 期。

［23］荣敬本，2013，《"压力型体制"研究的回顾》，《经济社会体制比较》第 6 期。

［24］孙涛、谢东明、赵志荣，2020，《养老 PPP 的服务模式与融资结构研究》，《吉林大学社会科学学报》第 2 期。

［25］孙玉栋、郑垚，2018，《老龄化背景下养老项目 PPP 模式研究》，《中国特色社会主义研究》第 1 期。

［26］王培培、李文，2016，《PPP 模式下社会养老服务体系建设的创新与重构》，《理论月刊》第 8 期。

［27］王若琳、肖晶晶，2015，《广东深圳消防开展夏季消防安全大检查工作》，中国长安网，https：//www. chinapeace. gov. cn/chinapeace/c53565/2015 – 07/16/content_ 11864879. shtml。

［28］王雪青、喻刚、邴兴国，2007，《PPP 项目融资模式风险分担研究》，《软科学》第 6 期。

［29］仵志忠，1997，《信息不对称理论及其经济学意义》，《经济学动态》第 1 期。

［30］辛琳，2001，《信息不对称理论研究》，《嘉兴学院学报》第 3 期。

［31］徐宏、岳乾月，2018，《养老服务业 PPP 发展模式及路径优化》，《财经科学》第 5 期。

［32］杨雪冬，2012，《压力型体制：一个概念的简明史》，《社会科学》第 11 期。

［33］张水波、何伯森，2003，《工程项目合同双方风险分担问题的探讨》，《天津大学学报》（社会科学版）第 3 期。

［34］张维迎，1996，《所有制、治理结构及委托—代理关系———兼评崔之元和周其仁的一些观点》，《经济研究》第 9 期。

［35］章萍，2018，《社区居家养老服务 PPP 运作模式研究》，《当代经济管理》第 11 期。

［36］周耀东、余晖，2005，《政府承诺缺失下的城市水务特许经营——成都、沈阳、上海等城市水务市场化案例研究》，《管理世界》第 8 期。

［37］朱正威、石佳、刘莹莹，2015，《政策过程视野下重大公共政策风险评估及其关键因素识别》，《中国行政管理》第 7 期。

[38] 萨瓦斯，E. S.，2002，《民营化与公私部门的伙伴关系》，周志忍等译，中国人民大学出版社。

[39] Albalate, D., Bel, G., Bel-Piñana, P., Geddes, R. R., 2015, "Risk Mitigation and Sharing in Motorway PPPs: A Comparative Policy Analysis of Alternative Approaches," *Journal of Comparative Policy Analysis: Research and Practice* 17 (5): 481 – 501.

[40] Allan, R. J., 1999, "PPP: A Review of Literature and Practice," *Saskatchewan Institute of Public Policy Paper* 4.

[41] Arndt, R. H., 1998, "Risk Allocation in the Melbourne City Link Project," *The Journal of Structured Finance* 4 (3): 11 – 24.

[42] Athias, L., 2013, "Local Public-services Provision under Public-private Partnerships: Contractual Design and Contracting Parties Incentives," *Local Government Studies* 39 (3): 312 – 331.

[43] Chung, D., Hensher, D. A., Rose, J. M., 2010, "Toward the Betterment of Risk Allocation: Investigating Risk Perceptions of Australian Stakeholder Groups to Public-private-partnership Tollroad Projects," *Research in Transportation Economics* 30 (1): 43 – 58.

[44] Crampes, C., Estache, A., 1998, "Regulatory Trade-offs in the Design of Concession Contracts," *Utilities Policy* 7 (1): 1 – 13.

[45] Hastak, M., Shaked A., 2000, "Model for International Construction Risk Assessment," *Journal of Management in Engineering* 16 (1): 59 – 69.

[46] McGill, D. M., 1988, "Economic and Financial Implications of the Aging Phenomenon," *Proceedings of the American Philosophical Society* 132 (2): 154 – 171.

[47] Moody, H., 2004, "Silver Industries and the New Aging Enterprise," *Generations* 28 (4): 75 – 78.

[48] Motte, R. D. L., Hall, D., 2003, "The European Commission's Guide to Successful Public-private Partnerships-a Critique," Public Services International Research Unit, University of Greenwich.

[49] Ozdoganm, I. D., Birgonul, M. T., 2000, "A Decision Support Framework for Project Sponsors in the Planning Stage of Build-operate-transfer (BOT) Projects," *Construction Management and Economics* 18 (3): 343 – 353.

[50] Peirson, G., Mcbride, P., 1996, "Public Private Sector Infrastructure Arrangements," *CPA Communique* 73: 1 – 4.

[51] Rutgers, J. A., Haley, H. D., 1996, "Project Risks and Risk Allocation," *Cost Engineering* 38 (9): 27 – 30.

[52] Shulman, D., Galanter, R., 1976, "Reorganizing the Nursing Home Industry: A

Proposal," *The Milbank Memorial Fund Quarterly*：*Health and Society* 54（2）：129 – 143.

［53］ Wang, H. , Xiong, W. , Wu, G. , Zhu, D. , 2018, "Public-private Partnership in Public Administration Discipline：A Literature Review," *Public Management Review* 20 （2）：293 – 316.

✦ 后 记

作为一个偏向实践的学科，行政管理学科的学习理应做到知行合一。但是作为大学生，我们似乎总是知多行少，囿于课堂学到的理论知识，无法体察生活中的各种细微之处。公共管理中鲜活的案例和细节被抽象归纳为一个个概念和命题，书本翻过之后好像没有在脑海里留下任何深刻的印象。

2019 年 11 月，我有幸获得了知行合一的学习机会，跟随政治与公共事务管理学院的陈琤老师前往深圳市福田区调研当地的养老 PPP 项目。这也是我第一次离开课堂来到真实而广袤的公共管理世界。当时调研的行程安排很紧张，我们几个人辗转在深圳市区，每天观察好几个养老机构，访谈不同的政府官员、企业代表，最后回到住处时总是筋疲力尽。后续在整理录音稿、写报告方面也投入了不少的时间和精力。

这次调研经历确实令我受益匪浅，让我在抽象的课本知识之外窥见真正的公共管理世界的一角，观察到现实当中的社会科学研究活动是如何进行的，知识是如何被"生产"出来的。能参加这样的实践学习活动、将课堂的理论知识和公共管理实践结合起来，既是莫大的荣幸，也是我本科学习阶段的一种圆满。

广州城市环卫服务供给模式转变的根源与趋势

梁灿鑫*

摘　要：近年来，广州市同时通过科层、外包、PPP 三种模式提供环卫服务。为探究这三种模式并存的原因及未来发展趋势，本文梳理了广州市自 20 世纪 90 年代以来环卫体制改革"科层—外包—收回外包—PPP 模式"的历程，分析了广州环卫三种供给模式并存局面的由来，并基于交易成本理论、PPP 模式的风险分配逻辑解释广州环卫服务供给方式的改变，发现高额的交易成本和不合理的风险分配机制是导致广州不断转变环卫服务供给方式的原因。基于这些发现，本文认为未来广州环卫事业改革将朝着 PPP 模式继续前进，PPP 合作风险的分配机制是促使广州市环卫体制变革的重要动力。

关键词：PPP　外包　风险分配　交易成本　环卫服务

一　问题的提出

作为城市公用事业体制改革的先行城市，广州在 20 世纪 90 年代末启动环卫服务体制市场化改革，主要使用 PPP 中的外包形式。然而，这一改革仅持续十余年便陷入困境。2011～2014 年，广州接连爆发多起大规模环卫工人罢工事件和环卫系统腐败窝案（人民网，2013；第一财经日报，2012），促使越秀、天河等多个城区将环卫服务收回并由政府直接管理，与此同时仍有部分城区继续保持环卫服务外包运营，由此广州环卫服务体

---

* 梁灿鑫，中山大学政治与公共事务管理学院行政管理专业 2021 届学士，中国人民大学劳动人事学院劳动关系学专业 2021 级硕士研究生。

制的市场化改革进入"低迷期"。近年来，广州出现了将环卫服务再次推向市场的趋势（梁怿韬，2019），根据官方说法，广州在本轮环卫市场化改革中采用的是"PPP模式"而非传统的承包模式，合作形式和内容有所不同。自此，广州市环卫服务形成了外包、收回外包和PPP三种供给模式并存的局面。

基于上述实践，本文提出以下研究问题：为何广州市环卫服务体制改革会如此曲折？为何如今广州市的环卫服务体制内会同时存在三种模式？未来这三种模式并存的局面是否会持续？

通过探讨上述问题，在理论上，本文希望梳理广州环卫事业的发展历程，围绕公共服务供给模式的变革讨论广州环卫服务体制市场化改革的原因及其影响因素，解释广州环卫事业"三个世界"存在的合理性，增进已有研究对PPP模式在中国城市公共服务供给领域的适用性认知，为探索良好的城市公共服务供给模式提供实证基础。在实践上，本文希望总结广州市环卫服务体制改革的经验教训，为广州市构建运行高效、成本节约、公众满意的环卫服务体制提供合理建议。

基于此，本文分为以下几个部分。第一部分介绍广州市环卫服务市场化改革的背景并提出研究问题。第二部分为概念界定，对环卫服务市场化改革、PPP和环卫服务外包三个概念进行界定，为后续讨论提供明确边界。第三部分为文献综述，基于既有研究总结PPP模式的定义、采纳原因和应用的利弊。第四部分为理论基础与分析框架，基于交易成本理论提出广州环卫服务市场化的交易成本结构，为解释广州环卫服务市场化改革的走向提供解释框架。第五部分为研究方法和研究案例介绍。第六部分将系统梳理广州环卫服务体制自改革开放至今的发展历程，解释每一阶段推动广州环卫服务供给模式转变的因素，从横向与纵向两个维度构建广州环卫服务体制的三种模式比较框架。第七部分则基于第六部分的分析，预测广州环卫服务供给模式的未来发展方向。最后是结论部分，在总结本文主要发现的基础上提出保证广州市环卫服务体制持续性的政策建议。

二　概念界定

（一）环卫服务市场化改革

市场化改革是指我国从计划经济向市场经济过渡的体制改革（樊纲

等，2003），其本质是将市场机制逐步引入经济领域，让市场在资源配置中发挥决定性作用。相应地，公共服务的市场化改革则是重塑政府在公共服务领域内的角色和作用，通过将竞争机制引入公共服务中实现公共服务绩效的提升，并借助企业、民众和第三方组织的参与实现治理主体多元化（胡象明、鲁萍，2002）。因此，环卫服务市场化改革可以被理解为将市场竞争机制引入到环卫服务供给中，通过公共部门与非公共部门的合作实现环卫服务绩效的提升，为打造干净整洁的城市环境奠定基础。

（二）PPP

王灏（2004）总结归纳国内外学者和机构对 PPP 的定义并指出，PPP模式有广义和狭义之分，广义的 PPP 泛指公共部门和非公共部门为提供公共产品而建立的各类合作关系，其具体形式从所有权的转让到简单的工作外包不等，而狭义的 PPP 是指一系列项目融资模式的总称（如 BOT、TOT），更为强调合作过程中的风险分担机制和资金价值。本文提出的 PPP模式是包含了外包、特许经营、私有化等多种形式的广义上的 PPP，但是广州市在 2014 年后推行的新一轮环卫服务市场化改革所采取的 PPP 模式应当归属于狭义上的 PPP。

（三）环卫服务外包

刘波等（2010）综合已有研究指出，公共服务外包的概念同样可以从广义和狭义上进行阐释，其中狭义上的公共服务外包是指政府部门为实现公共利益最大化，通过竞争机制将自身本应承担的公共服务委托给非公共部门来完成，而广义上的公共服务外包则是把这种公共服务供给方式的适用范围由公共服务拓展至公共服务和政府内部的辅助性服务。本文所讨论的环卫服务属于地方政府本应承担的一类公共服务，因此环卫服务外包可以被归纳为狭义上的公共服务外包，在广州环卫服务市场化改革过程中体现为广州市各级政府通过招投标制度将道路清扫、垃圾转运等环节的环卫服务委托给企业完成，其目的是实现环卫服务的绩效提升。根据王灏（2004）的定义，这种公共服务供给方式是广义上的 PPP 模式之一。

三 文献综述

（一）PPP 的定义演变

关于 PPP 模式的定义和范畴，学界尚未达成共识。Grimsey 和 Lewis

（2002）将 PPP 定义为一项有公共部门参与的，同时有私人部门参与或者提供基础设施的长期合作协议。在协议中，公共部门不拥有基础设施，而是通过协议向私人部门购买基础设施及其相关服务，但是同时保留基础设施建设、运营等环节的决定权和风险。在此，PPP 模式的概念包含了三个要素：公共部门和私人部门共同参与、长期合作协议、基础设施。然而，Brinkerhoff 夫妇（2011）批判了早期研究（如 Grimsey & Lewis，2002；Grimsey & Lewis，2007）将 PPP 模式的应用领域限于基础设施的定义，认为这无法准确界定 PPP 模式的关键特征，并指出公共部门与私人部门的相互可信赖承诺才是 PPP 模式的重点。受此影响，学者在 PPP 模式的定义逐渐淡化了"基础设施"这一要素，把重点放在参与主体、合作形式上，认为 PPP 模式是一种出于提升基础设施和公共服务质量的共同目的而制定的、受到合作各方制约的、在公共部门和私人部门之间构建的一种长期合作伙伴关系的战略（Wang et al.，2018；Mu et al.，2011；Roehrich et al.，2014；Zhang et al.，2015）。虽然学者对 PPP 的基础要素形成了总体一致的看法，但是由于视角和侧重点的差异（关于不同视角下的 PPP 定义可见 Roehrich et al.，2014），学界对于 PPP 的定义至今未能达成共识。

在中国情境下，PPP 模式的概念没有离开公共部门与私人部门共同参与、长期合作协议这两个基本要素，但受到中国特殊的政治经济制度影响，PPP 模式所包含的主体有所不同。中国作为社会主义国家，国有企业的经营权和所有权是分离的，国有企业拥有独立参与市场活动的能力，因此中国情境下的"Public"指的是政府，但是"Private"包含国有企业和私营企业（Zhang et al.，2015），中国政府与国有企业的合作模式也可被称为 PPP 模式。

基于 PPP 在学术和实践中的各类定义和表现形式，周正祥等（2015）将 PPP 模式划分为三种类型：外包类（含模式外包、整体式外包）、特许经营类（含 TOT、BOT 和其他）、私有化类（含完全私有化、部分私有化），为 PPP 模式确定了明确的边界（见表 1）。

表 1　PPP 的分类及含义

分类		模式名	英文含义	中文含义
外包类	模式外包	SC	Service Contract	服务外包

分类		模式名	英文含义	中文含义
外包类	整体式外包	MC	Management Contract	管理外包
		DB	Design-Build	设计—建造
		DBMM	Design-Build-Major Maintenance	设计—建造—主要维护
		DBO	Design-Build-Operate（Super Turnkey）	设计—建造—经营
		O&M	Operation & Maintenance	经营和维护
特许经营类	TOT	PUOT	Purchase-Upgrade-Operate-Transfer	购买—更新—经营—转让
		LUOT	Lease-Upgrade-Operate-Transfer	租赁—更新—经营—转让
	BOT	BLOT	Build-Lease-Operate-Transfer	建设—租赁—经营—转让
		BOOT	Build-Own-Operate-Transfer	建设—拥有—经营—转让
	其他	DBTO	Design-Build-Transfer-Operate	设计—建造—转移—经营
		DBFO	Design-Build-Finance-Operate	设计—建造—投资—经营
私有化类	完全私有化	PUO	Purchase-Upgrade-Operate	购买—更新—经营
		BOO	Build-Own-Operate	建设—拥有—经营
	部分私有化		股权转让	
			其他	

资料来源：周正祥等，2015。

　　根据这一分类，广州自 20 世纪 90 年代以来在环卫服务体制改革中实行的外包模式和"PPP 模式"从理论上都能够被划入 PPP 模式的范畴。但是在实践中，由于合同期限过短、风险分配机制不合理等，广州环卫服务的外包模式与理论中的 PPP 模式产生了一定的脱节，仅能够被称为"半PPP 模式"。本文将在第六部分对此进行分析。

（二）采用 PPP 的原因

　　PPP 模式在不同类型国家的兴起有其特定的经济社会背景。Wang et al.（2018）综合已有研究，发现不同类型的国家采用 PPP 模式的原因存在差异：发达国家主要的考虑因素是财政压力、服务效率和政治环境，而发展中国家做出采用该模式的决策往往受到上级政府压力、同级政府压力（同侪压力）和采用该模式所能享受到的优惠待遇的共同影响。因此，虽然两类国家都是出于经济激励与合法性压力的考虑采用 PPP 模式，但是具体原因与国家的经济社会发展水平密切相关。发达国家由于市场环境成熟、财政资源紧张和公共服务供给效率低下等，会倾向于通过与私营部门的合作转移潜在的经济风险（Grimsey & Lewis，2002；Hodge，2004）、提高公共服务效率（Bel et al.，2010）。而发展中国家往往缺乏成熟的制度环境推动 PPP 模式的良好运转，它们对这一模式的应用通常是中央政府在学习国际经验后自上而下推动的（陈玎、李丹，2017），缺乏透明的制度环境和良好的公众支持也是这些国家在应用 PPP 模式过程中问题频发的重要原因（Osei-Kyei & Chan，2015）。

采用 PPP 模式并不完全是因为经济激励，许多国家提供公共服务的体制并非简单地从传统科层制线性过渡到 PPP 模式，而往往是 PPP 模式与回归传统科层体制并存。有学者研究发现，即使是相同的公共服务，美国地方政府有的将服务推向外包，有的将已经私有化的服务收回，这都是受到成本、政府监管能力、服务性质和公共价值等因素的影响（Warner & Hefetz，2012；Hefetz & Warner，2004）。在中国，黄锦荣和叶林（2011）也找到了中国地方政府公共服务供给从"市场化"走向"逆市场化"的案例，并基于交易费用理论和中国基层政府的激励结构解释了转变的原因。因此，PPP 模式并非公共部门建设基础设施、提供公共服务的必然趋势，它仅仅是一种工具手段，各国政府会根据其市场结构、政府能力和政治环境等实际条件进行取舍。

从公共部门采用 PPP 模式的原因和经验可知，PPP 模式并不一定适用于所有公共服务，制度结构因素的介入有可能会导致这一模式的失败，促使部分服务回归科层体制。广州市的环卫事业发展历程生动体现了制度结构因素介入下的"逆 PPP"倾向，本文将在第六部分梳理广州市环卫服务体制回归传统科层制的历程。

（三）PPP 的风险

PPP 模式的基础是一种公私部门间互利共赢、风险共担的关系（Grimsey & Lewis，2002；Roehrich et al.，2014；Forrer et al.，2010），采用 PPP 模式对双方而言收益与风险并存。于公共部门而言，收益主要是缓解财政压力、转移经济风险、提高公共物品的供给效率。对私营部门而言，好处则是开拓市场、带来经济收入。正是如此，PPP 模式才能够顺利落地。

同时，PPP 也会带来多种风险，影响项目的成功。Hodge（2004）基于传统的 PPP 理念，列出以 PPP 模式运作的基础设施项目中存在的财务、设计、建造、运行和所有权的风险，指出这些风险错综复杂地分散于公私部门之间。当 PPP 模式的应用领域拓展至公共服务后，其实现公共利益过程中的风险也引起许多学者的关注（Warner & Hefetz, 2012；陈玲, 2010；Hefetz & Warner, 2011；Koppenjan & Enserink, 2009）。Wang et al. (2018) 总结已有研究，将 PPP 模式的风险来源归纳为三个方面。（1）项目风险。内容与 Hodge（2004）所列举的一致。（2）市场或社会风险。包含市场变化、社会需求变化风险。（3）国家风险。包含国家法律、环境和政治风险。与此同时，Choi et al. (2010) 也发现私营部门对于 PPP 项目的风险感知也会影响项目的可持续性。有学者则基于威廉姆森的交易费用理论，提出了 PPP 模式中合约结构的不完善带来的资产专用性、合同不确定性等交易成本风险。因此，学者普遍认为，这些公私合作的固有风险无法通过人为干预消除，如何将风险合理地分配给合作双方才是提升 PPP 项目可持续性的重点（Bel et al., 2010；黄锦荣、叶林, 2011；Hefetz & Warner, 2011；Brown & Potoski, 2003）。Xu et al. (2014) 通过对 10 个中国 PPP 项目的研究发现，即使是在政府担保下项目也存在失败的风险，而项目的经济可行性、公共部门与私营部门间合理的风险分担机制才是 PPP 模式成功的关键。其他学者也强调了合理的风险分配机制对于 PPP 模式成功的重要性（Wang et al., 2018；Osei-Kyei & Chan, 2015；陈玲, 2010）。

即使学界普遍意识到风险分配机制影响着 PPP 项目的成败，但受制于风险的多样性和社会现实的不确定性，学者们对如何在实践中建立一个运作良好、平等互惠的公私合作风险分配机制仍然没有最终的结论。许多学者指出中国特有的制度环境和经济社会发展历程都影响着 PPP 项目风险的分配，并最终影响着项目的可持续性（Zhang et al., 2015；黄锦荣、叶林, 2011；陈玲, 2010；Chen et al., 2019），这一点是本文所讨论的广州环卫事业的供给模式选择多样化的重要推动力。

（四）文献评述

理论上，PPP 模式是以公共部门和私人部门共同参与、长期合作协议作为其基本特征的。实践上，地方政府出于现实需要和合法性压力采用 PPP 模式，形成了多样化的应用结果。在应用过程中，学界和政府对 PPP 模式的风险认知也在不断深化，促使关于如何建立良好的风险分配机制、确保 PPP 项目可持续性的讨论成为新的研究趋势。

然而，关于 PPP 模式应用风险的讨论主要集中于大型基础设施建设项目，对于 PPP 模式在公共服务供给项目中的应用风险讨论相对有限。当前，PPP 模式的风险研究高度关注 PPP 模式下基础设施建设项目的财务风险，希望通过明确出资原则、计算成本收益分配等方式探索合理的风险分配机制（Choi et al.，2010；Xu et al.，2014；Shen et al.，2016；温来成等，2015）。相比之下，对 PPP 模式下公共服务项目的风险研究在一定程度上被研究者忽视。相比基础设施建设项目，公共服务项目的资金投入较少，财务风险总体较低，但是 PPP 模式的公共利益风险仍然没有消除，相反，由于财务风险的降低，公共利益风险很可能会被长期忽视直至爆发，导致项目失败。因此，非常有必要对 PPP 模式下公共服务项目的运行展开讨论，探究这一类项目运行中风险积累和爆发的过程、原因，为学界更为全面地理解 PPP 模式的风险分配逻辑、讨论建立更为科学合理的风险分配机制提供必要基础。

四 理论基础与分析框架

已有研究主要从交易成本角度解释国内外各类城市公共服务供给模式的转变（Brown & Potoski，2003；Bel et al.，2010），但是这些研究往往立足于发达国家的公共服务供给实践，缺乏对中国情境下城市公共服务供给模式转变原因的探讨。为此，本文将立足于中国制度环境与经济社会发展现状，基于交易成本理论视角构建广州市环卫服务市场化改革的影响因素框架，探究交易成本何以驱使广州市环卫服务供给模式曲折发展，为预测广州市环卫服务供给模式的未来走向奠定基础。

（一）交易成本理论

Coase（1937）最早在讨论公司这一组织形式的存在原因时提出了交易成本的思想，他认为建立一个公司之所以有利可图，是因为使用价格机制组织生产也是有成本的，主要体现为发现相关价格的成本。这揭示了经济主体在生产产品或者提供服务时存在着两条道路，一是使用价格机制临时从自由市场上购买生产要素组织生产，二是在生产开始前与各类生产要素建立起具有持久性的内部组织关系，在生产开始后采用自上而下的层级体制组织生产要素进行生产。Arrow（1969）将这一思想上升至经济制度层面并提出交易成本的概念，将其定义为"经济系统的运行成本"，这一概念随后逐渐发展成为交易成本理论，为解释社会经济制度的变迁提供了重要视角。

Williamson（1979）总结了交易成本产生的原因，提出交易频率、资产专用性、不确定性三个因素共同决定了交易成本的存在，为分析在不同合约结构下交易成本的变动提供了重要维度。首先，交易频率是指交易在特定时间内发生的次数。在交易环境保持稳定的情况下，为交易建立一套规制体系（契约）的成本将随着交易频率的提升而下降，因此交易频率高的经济主体更倾向于将交易通过契约的形式内部化。其次，资产专用性是指资产能够被重新配置于其他用途并由其他使用者重新配置而不牺牲其生产性价值的程度。通常而言，与交易相关的资产专用性程度越高，其所有者就越倾向于建立持久稳定的交易关系以维护其资产的价值。最后，不确定性是指对于未来交易环境和交易主体行为的不可预测程度。当交易主体认为交易环境和其他交易主体的未来状态不确定性程度越高时，他们也越倾向于提前建立契约规避这一变化带来的不利影响。因此，交易频率、资产专用性、不确定性三个因素能够通过影响交易成本的变化塑造最适合当前交易状态的合约结构，这最终体现为制度的变迁。

（二）分析框架

在中国独特的制度环境和经济发展状况影响下，广州环卫服务市场化的交易成本结构（见图1）是推动广州市环卫服务供给模式从合同外包走向收回科层，再从收回科层走向 PPP 模式的根源。

从交易频率角度看，环卫服务作为一种日常性公共服务具有非常高的交易频率，因此广州市政府与同一家环卫服务供应商签订长期稳定的商业合同能够有效降低探索这一契约结构所带来的交易成本。

从资产专用性角度看，扫路车、洒水车等大型环卫设备购置成本高，通常只能够用于以城市道路为主的大型露天公共场所，其用途单一且使用需求高度集中于城市环卫事业，因此资产专用性非常高，这要求拥有环卫设备的环卫服务供应商应与地方政府部门签订长期合同以摊平购置成本。

从不确定性角度看，地方政府部门与企业在环卫服务合同签订过程中存在着两类风险。一是合同签订前的逆向选择风险。这一风险一方面包括交易信息透明度不足，地方政府部门难以了解环卫服务供应商的真实经营状况（资产状况、管理状况等），导致不符合资质的企业通过隐瞒信息的方式获取优势；另一方面包括招投标制度设置有待完善，地方政府部门难以通过现有制度找到最理想的环卫服务供应商。二是合同签订后的道德风险。这一风险一方面包括企业成本问题，即在签订合同后，环卫服务供应商可能会通过降低服务质量等方式压缩经济成本，损害公共利益，或者政府部门要求环卫服务供应商完成额外的保洁任务，损害企业利益；另一方面包括政府监管问题，即由于环卫服务的绩效测量困难，政府无法对环卫服务供应商的任务完成情况实施有效的监管。

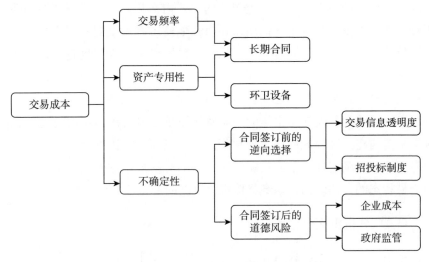

图 1 广州环卫服务市场化的交易成本结构

五 研究方法

本文采用定性研究方法，分析广州市自 20 世纪末以来的环卫服务体制改革，通过对该改革发展历程的讨论展现在中国现有的制度环境和社会经济发展条件下，广州市的环卫服务体制如何从单一的科层制供给模式演变为三种模式并存的局面。数据的收集方法主要包括两种：一是二手资料收集分析，通过梳理学术文献、政策规划和新闻报道归纳广州市环卫服务体制改革的总体历程；二是一手资料收集与分析，对广州市越秀区的三个功能分区（政务区、商业区、居住区）进行实地调查，观察公共区域的环卫保洁状况，访谈环卫保洁工作人员，以实现对广州市环卫服务体制现状的深入理解。通过对案例的分析，本文希望能够探索 PPP 模式下公共服务项目的风险产生原因、发展逻辑及其分配机制，为利用 PPP 模式实现优质公共服务供给、预测广州市环卫服务体制的发展方向提供实证研究支持。

广州自 20 世纪末以来启动的环卫服务体制改革是 PPP 模式下公共服务项目运行的代表性案例，它以环卫服务的供给而非基础设施的建设运营为主要目标，经历了从风险累积、风险爆发再到风险应对的全过程。广州对于环卫服务供给方式选择的转变既与不同 PPP 模式的特点密切相关，也受到中国独特的制度环境和地方经济社会发展状况的深刻影响。为此，在下一部分，本文将通过介绍广州环卫事业的发展历程，展示政治体制、行政体制和经济发展对于广州市环卫服务供给方式的影响，解释如今广州环卫事业三种模式并存局面的由来并进行比较分析，为预测广州环卫事业的未来走向提供现实依据。

六 广州环卫事业的发展历程

作为改革开放前沿地带的广州在城市公用事业管理体制改革中走在全国前列，在建设社会主义市场经济体制的背景下，广州不断探索适合本地实际的环卫服务供给模式。总体而言，广州的环卫服务体制发展经历了四个阶段：政府专营、合同外包、"逆市场化"和 PPP 模式。

（一）政府专营

改革开放初期，迅速的城市化为城市带来了环境卫生问题，促使中央和地方政府纷纷出台相关管理办法，推动环卫服务体制走向文本化、规范化。早在 1994 年，建设部根据国务院颁布的《城市市容和环境卫生管理条例》制定了《城市道路和公共场所清扫保洁管理办法》，明确环卫服务的范围以及服务的监督管理机构。相应地，广州市于 1997 年推出了《广州市城市市容和环境卫生管理规定（修正）》，从市容管理、环境卫生设施管理以及环境卫生管理三方面初步建立了现代化的环境卫生服务体制。这些政策文本将政府默认为环卫服务的唯一供给主体，并没有涉及环卫服务模式的转变。

这一时期，广州市的环卫服务大体延续着计划经济时期的政府专营管理体制。广州市的环卫工人拥有正式的事业编制，接受市容环境卫生主管部门的直接管理，工资由政府部门直接发放，环卫保洁设备也由政府统一购买并分配使用。根据财政部 1989 年发布的《城市维护建设资金预算管理办法》，环卫事业运作的资金来源于政府的城市维护建设资金。

（二）合同外包

1. 早期试点

广州是较早开展环卫体制改革的几个城市之一，其环卫体制市场化改革遵循先试点后推广的典型路径。1994 年广州尝试将城市水域保洁工作进行外包，1995 年开始试点城区道路保洁环卫作业交由企业承包，1996 年实行了以"机械化清扫、上门收运垃圾、统一余泥渣土排放、专业化运输"为主的环卫作业方式改革（吕志毅，2007）。2001 年，广州市出台了《广州市市容环境卫生管理体制改革方案》，明确提出推动市容环境卫生作业服务走向市场，按照"企业化经营、社会化服务、产业化发展"的方向推进，推行市容环卫作业服务招标制度。这份文件明确提出了环卫服务市场化的改革方向，是广州市环卫市场化改革启动的重要标志。

同一时期，深圳、上海、北京等国内主要城市也加快了环卫服务市场化改革的步伐，纷纷通过成立合资环卫公司、环卫事业单位改制等形式培育环卫市场主体，为环卫服务外包奠定市场基础（环保在线，2017）。在环卫服务市场化试点取得明显成效后，国务院、建设部等相继出台了一系列举措，为环卫服务市场化改革的全面铺开提供政策支持与流程指引（见表 2）。这一时期中央政策的主旋律为强调开放市政公用事业市场，通过招标发包和特许经营的形式推动非公有制经济主体参与基础设施的建设运营和公共服务的供给，但是对于政府与私人部门在合作过程中的风险和责任分配问题关注较为有限。

表 2　21 世纪初中国市政公用事业市场化改革重要政策汇总

出台时间	政策名称	相关内容
2002 年	《建设部关于印发〈加快市政公用行业市场化进程的意见〉的通知》（建城〔2002〕272 号）	决定开放市政公用事业市场，通过招标发包形式选择环境卫生等非经营性设施日常养护作业单位或承包单位
	《关于印发推进城市污水、垃圾处理产业化发展意见的通知》（计投资〔2002〕1591 号）	改革管理体制，逐步实行城市污水、垃圾处理设施的特许经营

续表

出台时间	政策名称	相关内容
2004 年	《市政公用事业特许经营管理办法》（中华人民共和国建设部令第 126 号）	规定了市政公用事业特许经营协议的主要内容、补偿机制和社会公众参与机制
2005 年	《国务院关于鼓励支持和引导个体私营等非公有制经济发展的若干意见》（国发〔2005〕3 号）	允许非公有资本进入公用事业和基础设施领域，要求加快完善政府特许经营制度，规范招投标行为，支持非公有资本积极参与市政公用事业和基础设施的投资、建设与运营
	《国务院关于 2005 年深化经济体制改革的意见》（国发〔2005〕9 号）	提出要深化垄断行业和公用事业改革。推进供水、供气等市政公用事业市场化进程
	《关于加强市政公用事业监管的意见》（建城〔2005〕154 号）	提出要完善市政公用事业特许经营制度，充分发挥中介机构在政府购买服务全流程的作用，建立对市政公用产品和服务质量的监督检查机制

2. 全面外包

在国家政策引导下，广州市加快了环卫服务体制市场化改革的步伐。政策上，广州市政府提出要进一步推动环卫服务社会化运营水平的提升。与国家政策相似，广州在这一阶段的政策以市场开放为主要导向，着力通过多种方式实现环卫社会化作业，并制定了一套符合环卫服务市场化的管理制度以适应市政公用事业改革的趋势（见表3）。然而，这些政策并没有重视公私部门合作过程中的风险及其控制问题，关于招投标制度和外包合同结构设计的相关规定也存在不尽合理之处，这为后来公私部门合作风险的积累与爆发留下了制度隐患。

表 3 广州环卫服务全面合同外包时期相关政策汇总

出台时间	政策名称	相关内容
2006 年	《广州市人民政府关于印发深化经济体制改革工作要点的通知》（穗府〔2006〕51 号）	加快市政公用事业改革，推行特许经营和公开招标制度，逐步放开清扫保洁、垃圾收运和处理、公厕保洁等作业市场
	《广州市市容环境卫生管理规定（2006）》（广州市人民代表大会常务委员会公告第 17 号）	本市逐步实现市容环境卫生作业的社会化服务，不断提高城市市容环境卫生水平
	《广州市人民政府印发广州市现代服务业发展"十一五"规划的通知》（穗府〔2006〕24 号）	探索将环卫保洁等可以实行外包的服务，通过政府采购、社会招标、委托代理等方式实现社会化服务

续表

出台时间	政策名称	相关内容
2008 年	《中共广州市委、广州市人民政府关于加快发展现代服务业的决定》（穗字〔2008〕12 号）	逐步放宽市场准入，稳妥推进市政公用事业市场化改革，探索通过特许经营等方式委托企业经营
2010 年	《中共广州市委、广州市人民政府关于加快发展民营经济的实施意见》（穗字〔2010〕15 号）	鼓励和引导民间投资进入供水、污水和垃圾处理、园林绿化等市政公用事业领域
2011 年	《关于印发〈广州市城市生活垃圾经营性清扫、收集、运输和处置服务行政许可实施暂行办法〉的通知》（穗城管委〔2011〕409 号）	从服务许可、许可证申请和核发流程、监督和管理三方面对环卫市场的企业进行更为规范化的管理
	《关于促进我市国有经济又好又快发展的实施意见》（穗府〔2011〕26 号）	支持市场准入，扩大投资领域，积极推进对基础设施、公用事业等领域的体制机制改革，分层次、分类型、分方式进一步扩大市场准入范围

实践上，广州各城区逐步建立了市场化的环卫服务管理制度，将环卫服务推向市场。在区一级，各区相继撤销了区环境卫生保洁管理所，建立区环境卫生监督管理中心。在街道层面，撤销街道环卫站，建立街道市容环境卫生监督管理所。在区和街道的环卫作业职责方面，区负责主要市政道路的卫生作业、垃圾运输和公厕管理工作，街道主要负责街巷垃圾清扫、生活垃圾的收集与分类工作。据此，广州逐步建立了以区和街道为单位的环卫服务社会化购买、公开招标制度。这一制度主要包含招标、投标、评标和签约四个程序，单次合约期限为 3 年，政府按照合同规定价格每月支付保洁费用，企业则按照合同规定进行环卫作业并接受政府监督。这一时期新加入的环卫工人不再接受政府部门的直接管理，也不拥有事业编制，他们与环卫作业公司建立雇佣关系，接受公司的直接管理，工人作业时所需的环卫保洁设备也由环卫作业公司负责购买。

3. 讨论

这一时期广州市环卫服务的供给方式应当被称为"半 PPP 模式"。按照周正祥等（2015）的分类，这一时期广州市环卫服务供给方式可以被归为外包类 PPP 中的服务外包。这种简单的服务外包并不能与 PPP 的核心理念等同，因为广州环卫服务合同外包的单次合约期限仅为 3 年，与 PPP 模式定义中的"长期合作协议"（Grimsey & Lewis，2002）要素一定程度上是相悖的，因此将广州环卫服务的合同外包称为"半 PPP 模式"或许更为恰当。

从威廉姆森的交易成本理论（Williamson，1985）来看，由于合约的错误选择和合约结构的不完善，广州市环卫服务在这一阶段所采用的合同外包模式的交易成本非常高（见图2）。

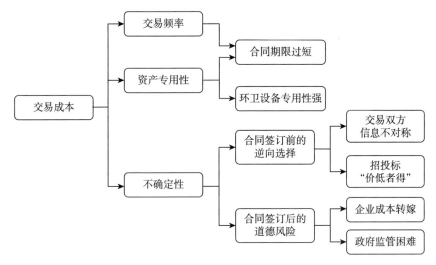

图2 广州环卫服务合同外包阶段交易成本的来源

从交易频率角度看，环卫服务作为一项日常公共服务具有非常高的交易频率，这要求政府需要与同一家环卫公司签订长期稳定的外包合同以降低频繁更换服务承包商所带来的交易成本。但是，广州在这一阶段将外包合同的期限设置为三年，这就不可避免地会面临频繁更换服务承包商的局面，导致每三年各个区和街道不得不处理与新合作伙伴的谈判、工作协调等问题，一旦问题未能处理妥当，基层政府就成为舆论压力的最终承担者。

从资产专用性角度看，由于单次外包合同期限仅为三年，环卫服务承包商每三年就要面临丢标的风险，因此不可能建立起长期稳定收益的预期。与此同时，大型环卫设备的购置成本很高且只能被用于环卫保洁领域，这些大型专业设备的所有权转让也比较困难，因此大型环卫设备的购置可以被归于专项投资的范畴，其资产专用性非常高。虽然合同规定承包商需要负责环卫作业设备的购置，但是在收益预期和设备成本带来的亏损风险影响下，其缺乏出资购买大型环卫设备的动力，这就可能导致外包后环卫设备陈旧落后，大型环卫设备短缺，保洁效率低下。

从不确定性的角度看，政府与私营部门在环卫服务承包合同签订过程中存在逆向选择问题。由于政府在采购环卫服务时与投标方存在信息不对称，同时招投标制度采取的是"价低者得"原则，实际运作过程中中标的往往是资质不高、管理不够规范的中小企业，它们往往通过隐瞒企业真实信息、压低报价得到承包权，并在实际运行过程中为了维持运转，不断压缩人力资源这一项相对隐形的成本，导致环卫工人薪酬福利下降、保洁质量和效率降低。此外，合同签订后政府与私营部门之间还可能存在道德风险问题。由于这一时期外包合同内容的模糊性、执行中的不规范性（黄锦荣、叶林，2011），合同对于承包区域在"创文创卫"时期高强度、高标准的环卫保洁工作所产生的额外费用由哪一方承担缺乏明确规定，环卫公司作为环卫服务的"中间人"往往将这些额外成本交由政府承担或者通过压缩工资福利的方式转嫁给环卫工人。合同执行过程中，政府对于承包方的激励奖惩措施在信息不对称和监管困难的情况下也难以实现。因此，这些问题共同导致了环卫服务外包合约实际执行中的高度不确定性，不可避免地会为政府与承包商的合作带来纠纷，产生较高的交易成本。

由此可见，交易成本风险作为影响 PPP 模式可持续性的重要因素，在这一时期的环卫合同外包运作过程中并没有通过良好的合约设计得到合理分配。政府实际上承担了大部分的合作风险，导致政府在环卫服务外包合同执行过程中陷入被动状态：无法与高资质的承包方开展合作；在创文创卫时期被要求增加经费；为环卫公司压缩工人薪酬福利引发的劳资矛盾兜底；无法满足近年来城市管理精细化的要求（黄锦荣、叶林，2011）。这些矛盾的日积月累和随后的一系列事件直接导致了广州许多基层政府收回环卫服务外包。

（三）"逆市场化"

2012 年开始，广州市的环卫服务体制掀起了一股"逆市场化"潮流，许多街道在环卫合同到期后停止续约，自发将外包的环卫服务收回，由街道环卫站直接管理环卫工人和环卫设备。本轮"逆市场化"潮流兴起的直接导火索为广州市短时间内集中爆发的多起环卫工人集体罢工事件以及广州环卫系统腐败窝案。广州环卫工人罢工涉及的区域包括荔湾区、天河区、增城区（观察者网，2013）、越秀区（王燕子，2013）、番禺区（钟丽婷，2013）、白云区（央视网，2012）等 7 个城区，参与罢工的总人数超千人，罢工事件中环卫工人的诉求高度集中在提高薪酬待遇、保障加班费的按时发放和五险一金的足额缴纳上，这一系列罢工事件引发了大众舆论的高度关注，成为 2013 年前后全国的热点事件之一。与此同时，广州城管环卫系统一年内有 13 位腐败官员落马，其腐败领域主要在环卫设备采购、道路保洁服务项目招投标等工作中（第一财经日报，2012）。环卫工人集体罢工事件与腐败窝案的集中爆发促使公众将矛头指向广州实行多年的环卫服务市场化改革，政府面临的社会舆论压力达到前所未有的高度。

在多方压力下，广州市政府自上而下开始回应公众对于环卫工人保障不足和环卫服务市场化的质疑。在市级层面，广州市于 2013 年先后出台了《广州市人民政府办公厅关于规范广州市环卫行业用工的意见》《广州市环卫作业市场化运作监督管理办法》两份规范性文件，要求提升环卫工人社会保障水平、规范工作时长、提升环卫工人工资待遇，同时规范市场化环卫作业的流程管理、加强流程监督。在区和街道层面，越秀、天河等区及其下属街道在环卫服务外包合同到期后陆续停止续约和公开招标，改由以事业单位为主体的政府部门直接聘请环卫工人进行作业，作业设备也由政府部门购置。这一波"逆市场化"浪潮使得广州市环卫服务市场化的总体比例由 2013 年的 65% 迅速下降至 2015 年的 35%（叶林等，2018）（见图3）。广州各区在这波浪潮中的选择明显分化，海珠、黄埔、荔湾、天河、白云、越秀六区大规模收回环卫服务外包，而番禺、增城、从化、花都四区则仍然继续实施环卫服务外包模式。广州市环卫服务供给方式开始出现外包与收回外包并存的局势。

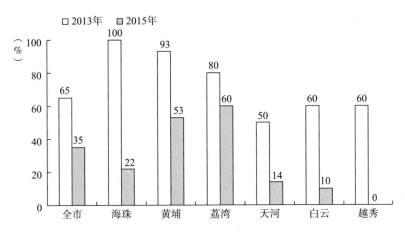

图3 2013 年与 2015 年广州市中心城区环卫服务市场化比例

资料来源：叶林、杨雅雯、张育琴，2018，《公共服务的"后市场化"道路——以广州环卫服务改革为例》，《天津行政学院学报》第 1 期。

值得注意的是，在这场"逆市场化"潮流中，收回环卫服务外包的基本都是广州的中心城区，而外围城区则继续保持外包状态，这与两类城区的政治属性差异所带来的政府对于公私合作风险承担能力的差异有关（见表4）。根据《广州市城市更新总体规划（2015—2020）》对广州各城区的划分标准，收回环卫服务的基本都被归为中心城区，而保持服务外包的基本都是外围城区，这可能与上级政府对于这两类区域的市容环卫面貌要求存在差别有关，也说明了这两类区域对环卫保洁效果所需要承担的政治风险存在差异。

表4　广州中心城区、外围城区的环卫服务模式选择逻辑

地区类型	中心城区	外围城区
城市化水平	高	低
上级政府关注度	高	低
合作失败风险承担能力	弱	强
环卫服务支出弹性	大	小
合作风险分配权力	小	大
环卫服务模式选择	收回科层	继续外包

其中，中心城区由于经济发达、人口密集、受到上级政府高度关注，区政府和街道办难以承担环卫服务外包失败带来的舆论压力和问责压力，因此会在公私部门合作过程中被环卫服务承包商转移过多的风险，交易成本和实际成本一同上升，环卫服务外包的成本超过了政府直接供给环卫服务的运营成本。与此同时，中心城区政府的财政状况往往较好，在环卫服务支出方面拥有较大的弹性空间，能够通过雇用更多的人或者采购更先进的设备弥补传统科层制环卫服务模式下的效率不足问题。因此，中心城区政府和街道办会倾向于选择收回外包，由政府直接管理环卫工人和设备。

相反，外围城区城市化水平相对较低，受到上级政府的关注相对有限，区政府与街道办因为环卫保洁效果不佳或者环卫服务外包失败所面临的舆论压力和问责压力较小，因此政府有能力阻止来自环卫服务承包商的风险转移。此外，外围城区政府的财政状况往往比不上中心城区，部分城区的公共服务支出甚至需要依靠市政府的财政转移支付，这导致它们的环卫服务支出总额有限、弹性较小，因此它们也希望能够通过环卫服务外包减少环卫支出。在自身抗风险转移能力较强和压缩成本意愿较高的条件下，外围城区选择外包带来的交易成本上升幅度很可能不及自行保洁成本

的下降程度，因此会选择继续保持环卫服务外包状态。

由此可见，城市不同区域的政治属性和资源禀赋都能够影响到该地区政府在公私部门合作过程中的风险分配权力，进而改变它们对于合作中的交易成本和经济成本的权衡，最终在一定程度上决定着它们对环卫服务模式的选择。

（四）PPP 模式

1. 政策：推动模式转变，防控合作风险

广州环卫工人集体罢工事件为 21 世纪以来盛行全国的城市环卫服务市场化改革敲响警钟，为国家和地方政府的政策调整打开窗口。2010 年以来，广州成为环卫工人集体罢工事件最多的城市，而南京、桂林等多座城市也因为环卫服务市场化改革爆发过环卫工人集体罢工（网易财经，2011；搜狐网，2017）。这些事件改变了政府和社会对于公私部门合作风险的认知，促使国家和地方政府逐渐改变公共服务市场化改革的政策导向，一方面否定了不顾实际地将所有公共服务通过政府购买服务的方式转嫁给社会的做法，另一方面将公私部门合作风险防控的相关机制纳入政策文本中。此外，2013 年后中央政府着力推动 PPP 模式落地应用的宏观背景也为公共服务市场化改革政策的转向提供了重要支持。这一时期，以财政部、国家发改委为主的国家机关和广州市政府均出台了一系列政策，推动市政公用事业改革走向更规范的管理体制和更高层次的公私部门合作（见表 5、表 6）。

表 5　再市场化阶段中央政府出台的公共服务 PPP 模式相关政策

出台时间	政策名称	相关内容
2013 年	《国务院办公厅关于政府向社会力量购买服务的指导意见》（国办发〔2013〕96 号）	规范有序开展政府向社会力量购买服务工作，政府向社会力量购买服务的内容为适合采取市场化方式提供、社会力量能够承担的公共服务，突出公共性和公益性
	《财政部关于做好政府购买服务工作有关问题的通知》（财综〔2013〕111 号）	要结合实际，在准确把握公众需求的基础上，全面梳理并主动提出购买服务的内容和事项，精心研究制定指导性目录，明确购买的服务种类、性质和内容。要确保政府全面正确履行职能，防止"卸包袱"，将应当由政府直接提供、不适合社会力量承担的公共服务事项推向市场

续表

出台时间	政策名称	相关内容
2014 年	《财政部关于推广运用政府和社会资本合作模式有关问题的通知》（财金〔2014〕76 号）	地方各级财政部门要向本级政府和相关行业主管部门大力宣传政府和社会资本合作模式的理念和方法，按照政府主导、社会参与、市场运作、平等协商、风险分担、互利共赢的原则，科学评估公共服务需求，探索运用规范的政府和社会资本合作模式新建或改造一批基础设施项目
	《国家发展改革委关于开展政府和社会资本合作的指导意见》（发改投资〔2014〕2724 号）	合理设计，构建有效的风险分担机制。按照风险收益对等原则，在政府和社会资本间合理分配项目风险。原则上，项目的建设、运营风险由社会资本承担，法律、政策调整风险由政府承担，自然灾害等不可抗力风险由双方共同承担
2015 年	《基础设施和公用事业特许经营管理办法》（国家发展改革委、财政部、住房城乡建设部、交通运输部、水利部、人民银行令第 25 号）	特许经营协议应当包括以下内容：收益取得方式，价格和收费标准的确定方法以及调整程序；履约担保；特许经营期内的风险分担；政府承诺和保障；应急预案和临时接管预案等
2017 年	《关于进一步规范地方政府举债融资行为的通知》（财预〔2017〕50 号）	地方政府应当规范政府和社会资本合作（PPP）。允许地方政府以单独出资或与社会资本共同出资方式设立各类投资基金，实行规范的市场化运作，按照利益共享、风险共担的原则，引导社会资本投资经济社会发展的重点领域和薄弱环节

表 6　再市场化阶段广州出台的公共服务 PPP 模式相关政策

出台时间	政策名称	相关内容
2015 年	《广州市市容环境卫生管理规定(2015 年修正本)》（广州市第十四届人民代表大会常务委员会公告第 73 号）	本市逐步实现市容环境卫生作业的社会化服务，不断提高城市市容环境卫生水平
2016 年	《广州市财政局关于印发〈广州市关于深化预算管理制度改革的实施意见〉的通知》（穗财预〔2016〕254 号）	响应国家、省的政策导向，在我市基础设施和公用事业领域推广和运用政府和社会资本合作模式（PPP）。财政部门、发展改革部门按照职能分工，加强协调配合，扎实做好 PPP 实施方案制订、物有所值评价和财政承受能力论证等前期工作，加快推动我市 PPP 项目落地实施

出台时间	政策名称	相关内容
2017 年	《广州市人民政府办公厅关于印发〈广州市推进政府和社会资本合作试点项目实施方案〉的通知》（穗府办〔2017〕5 号）	PPP 实施方案的评估重点是项目规划可行性、技术方案可实施性；投融资方案合理性；项目绩效产出标准和要求，政府和社会资本的风险分配，收费、价格的清晰合理性；财政补贴方案可行性，以及项目财务效益和财政承受能力的平衡情况等
	《广州市人民政府关于创新重点领域投融资机制鼓励社会投资的实施意见》（穗府〔2017〕3 号）	在垃圾资源化利用和处理工作中，探索采用 PPP（政府和社会资本合作）模式提供城市环卫保洁和垃圾收运一体化服务
2018 年	《广州市人民政府办公厅关于规范广州市环卫行业用工的意见》（穗府办规〔2018〕25 号）	鼓励环卫保洁企业在作业中加大设备投入，提高作业机械化清扫率，因此造成用工成本减少的，由项目发包方予以核定。原有合同期未满的环卫保洁项目，发包方应与承包方按照本意见的内容签订补充协议，并由发包方按原有的资金渠道申请追加经费后，足额发放工人工资
	《广州市城市生活垃圾经营性清扫、收集、运输和处置服务行政许可实施办法》（穗城管规字〔2018〕2 号）	区主管部门应当建立健全城市生活垃圾清扫、收集、运输、处置服务监督管理制度，定期对从事城市生活垃圾清扫、收集、运输、处置服务企业进行检查。可查阅企业台账等与许可条件相关的资料，企业应当支持配合指导和监督检查，提供工作方便，就有关问题做出说明

2. 实践：以 PPP 模式为手段的再市场化

2016 年以来，广州开启新一轮环卫服务管理体制改革，探索环卫服务的重新市场化。这一探索主要体现为在广州市本级的垃圾处理环卫保洁项目中引入了 PPP 模式（北极星固废网，2019a）。该项目的总合同金额达到 13.3 亿元，合作期限由从前的 3 年延长至 15 年，项目内容也有所拓展，包括广州市内环路的保洁清洗、特殊路段清洗和水域保洁等工作。相比上一时期的环卫项目，该项目的合作内容宽泛、合作时间长、机械化作业要求高。这一项目在招标阶段经过多番曲折，在 2020 年 9 月 28 日正式运营（侨银环保，2020）。该项目的投资、建设和运营均由一家政府与中标方共同成立的合资公司负责，该公司在项目启动运营时就投入了 87 辆环卫设备，实现了市本级项目机械化作业率 100% 的目标。

可以发现，广州在本次改革中通过完善合约结构弥补了前一轮市场化改革暴露的缺陷。首先是将合同总金额提高至 13.3 亿元、期限延长至 15 年，一方面适应了环卫服务的高交易频率特性，有效降低了合同结构制定、协商、实施所带来的总体交易成本，另一方面通过提升合作方获取稳定收益的预期，降低因为资产专用性高而合作方不愿意购买大型环卫设备的可能性，为环卫作业机械化水平提升提供可能。其次是在合同中增加了合作方参与投融资的规定，要求合作方与政府共同出资成立一家项目运营公司。这在客观上为竞标方设置了较高的准入门槛，也实现了政府所代表的公共利益与合作方所代表的经济利益的捆绑，有助于解决招投标环节的"逆向选择"问题。最后是将本轮试点放在环卫保洁工作量大、机械化作业要求高的市本级垃圾处理环卫一体化项目上，降低合作方在中标后通过不购买大型设备来压缩成本的道德风险。可以说，广州市通过制定新的合约结构在理论上降低了交易成本，降低了政府自身在 PPP 模式中的风险。

值得注意的是，虽然广州市这一时期的"PPP"模式通过延长合同期限、要求私人部门参与投融资等方式改善了合约结构，但是这并不一定能够完全实现风险的合理再分配。在中国特殊的制度环境下，政府很可能都是 PPP 项目风险的最终承担者（陈玲，2010）。首先，15 年合约虽然能够解决承包商因为资产专用性高而不愿意投入资金的问题，但同时也产生了让政府和私人部门"高度捆绑"的结果（Lonsdale，2005），即政府由于对 PPP 项目成功更为敏感，在合作和协商中会处于不利的地位，存在被合作方以中止合作为借口转移风险的可能性。其次，政府作为公共部门，在 PPP 模式中的责任、利益和运作方式有别于公司和个人（Froud，2003）。政府作为公共利益的代表，在合作中必然要代表公众利益，因此需要对 PPP 模式的失败承担最终的社会责任，这会导致政府为合同签订后出现的不可预料的风险兜底，进而提升政府的风险和 PPP 合作项目的交易成本。最后，政府的风险治理能力在 PPP 合作中在一定程度上被削弱（周小付、闫晓茗，2017）。在传统的科层制模式下，政府能够利用其科层结构中的权威把握环卫服务供给的质量和群众满意度，消除环卫服务可能产生的公共利益风险，但是在 PPP 模式下政府对于合作方的控制能力有限，难以及时进行调整与规制服务供给行为以避免公共利益风险的爆发。

（五）小结

综上所述，广州市环卫服务体制在 2000 年左右经历了从科层制到市场化的转变，在 2012 年前后受工人罢工和腐败带来的舆论压力影响，中心城区大规模收回环卫服务外包，同时外围城区大多保持环卫服务外包，广州环卫服务供给方式自此出现路径分化。2016 年以后，广州仍然维持外包与科层制并存的局面，但是开始出现重新市场化的趋势，尝试在大型环卫保洁项目中引入以合作融资、长期合同为特征的新型 PPP 模式（见表7）。

表 7　广州环卫事业发展历程

时间	时期	服务供给方式
改革开放初期	原始状态	科层提供
20 世纪 90 年代末至 2011 年	初步探索	合同外包
2012 年至 2016 年	逆市场化	部分继续外包 部分重回科层
2016 年后	再市场化	合同外包与科层制并存 开始探索 PPP 模式

因此，现在广州的环卫服务体制形成了科层制、合同外包、PPP 模式并存的局面。这三种模式的代表地区、涉及主体、实现形式、人员管理模式、资金来源、设备购买以及监督主体有着明显区别（见表8）。在地区中，实行科层制供给的主要是越秀、天河等中心城区，实行合同外包的主要为番禺、花都等外围城区，同时当前只有市一级的环卫保洁项目在探索PPP 模式。在涉及主体和实现形式上，科层制只涉及政府内部的管理运作，而合同外包和 PPP 模式均涉及政府与私人部门的合作，实现形式都是公开招投标制度，但是后者合约的有效期限更长，合约要求也更高。在人员管理模式上，科层制对环卫工人实行自上而下的政府内部管理模式，而合同外包和 PPP 模式下的环卫工人都由合作方进行管理，政府部门没有名义上的直接管理权力。在资金来源和设备采购上，科层制下环卫作业资金来源为政府财政拨款（包含上级拨款和街道自筹），合同外包模式下的资金由政府按月支付总费用给承包商，由承包商自行分配人员工资、设备购买费用、管理费用、利润所占份额（合同有相应规定，但承包商拥有一定的分配权力），在 PPP 模式中政府同样需要为环卫作业付费，但是合同同时要求合作方参与环卫事业融资，出资购买部分环卫设备。在环卫作业效果监督上，三种模式的监督主体均为政府，科层制模式主要是政府部门上级对下级的监督，合同外包和 PPP 模式中的监督则是政府监管部门对承包方与合作部门的监督，此外随着公民意识的提升和政府回应性的增强，社会监督也在三种模式中扮演着越来越重要的角色。无论是将环卫服务推向社会

还是收回科层，都是广州市各级政府提升公共服务效率、回应公众利益的尝试。

表 8　广州环卫的三种模式

供给方式	地区/项目	涉及主体	实现形式	人员管理	资金来源	设备采购	监督
科层制	海珠、黄埔、荔湾、天河、白云、越秀	政府	政府内部	自上而下	财政拨款	政府	自上而下
合同外包	番禺、增城、从化、花都	政府、私人部门	公开招标3年期合同	承包商	政府支付总额，承包方具体分配	承包方	政府
PPP 模式	市级环卫保洁项目	政府、私人部门	公开招标15年期合同	合作方	政府与承包方共同融资	承包方	政府

七　结论与讨论

（一）广州环卫事业的未来发展

经过 20 余年的探索，广州环卫服务体制改革再一次来到十字路口：未来广州的环卫服务是应当继续同时应用三种供给模式，还是会走向政策趋同？

从发展趋势上看，当前广州有将全市的环卫服务推向 PPP 模式的倾向。政策上，2020 年修正的地方性法规《广州市市容环境卫生管理规定》仍然保留了"本市逐步实现市容环境卫生作业的社会化服务，不断提高城市市容环境卫生水平"这一表述，表明广州将环卫服务推向市场的总体趋势并没有改变。实践上，本轮广州市环卫一体化 PPP 模式改革试点首先在市本级垃圾保洁处理环卫项目上开始，接下来还将在黄埔区和从化区两地进行试点（北极星固废网，2019b）。从发展趋势来看，市一级、中心城区和外围城区都是广州市试行 PPP 模式的目标，这反映了广州市希望将 PPP 模式作为环卫服务社会化的主要手段推广到全市的想法。

从其他地区的经验看，广州市也在借鉴其他地区的做法，将环卫项目打包推行 PPP 模式。汤明旺、赵喜亮（2017）的报告显示，受 2013 年出台的《国务院办公厅关于政府向社会力量购买服务的指导意见》的影响，2014 年以来全国各地采用 PPP 模式运营的环卫项目数量明显增加，PPP 模式下环卫项目的投资规模（3000 万元以上）明显高于传统的政府购买服务模式项目，合作期限从原来的 3 年或 5 年延长至 10~30 年，合作企业也以重资产环境集团、区域环境综合服务集团等类型为主，PPP 模式下的环卫项目出现了将清扫、收运和后端处置等多个环节捆绑打包的设置。反观广州，2020 年正式投入运营的首个市本级垃圾处理环卫一体化项目完全契合国内环卫 PPP 项目的主要特征：投资规模大（13.3 亿元），合作期限长（15 年），合作企业实力雄厚（合作方是中国首家 A 股上市的环卫服务企业）。唯一的区别在于广州市的环卫 PPP 项目合作内容仅限于道路和水域保洁，并没有进一步向环卫产业链前后端的垃圾分类、垃圾处理等环节延伸，这与广州市的环卫体制也有一定关联（前端主要由区和街道负责），因此在后续城区层级的环卫 PPP 项目中有望看到 PPP 项目合作内容的增加。

综上所述，未来广州环卫服务三种供给模式并存的局面可能会消失，从市到城区、街道的环卫服务供给可能会走向政策趋同。广州无论是在项目推行方式还是具体的项目合作内容中都透露出将 PPP 模式作为新一轮环卫服务体制改革的方向，尽管现在仍处于试点阶段，但是改革的轮廓已经逐渐清晰，未来广州市有较大的可能性将当前环节割裂、地域分散的环卫项目进行打包，通过 PPP 模式引入社会资本力量，提升环卫服务的质量与效率，满足自身降低政治风险的需要，并回应公众的利益诉求。

（二）对策建议

改革开放以来，广州市环卫服务体制经历了"科层—外包—收回外包—PPP"的发展历程。在市场化浪潮下，广州市于 21 世纪初全面开启了环卫体制市场化改革，将环卫服务推向外包。由于外包合同期限过短，这一时期广州环卫服务的供给模式只能被称为"半 PPP 模式"。这一模式下不完善的合同结构和不成熟的合作模式为环卫服务体制的运行带来了高昂的交易成本，在风险不断堆积后引发了公私部门冲突、劳资纠纷、贪腐等一系列问题，导致政府成为"半 PPP 模式"中全部风险的最终承担者，遭受巨大的政治压力和舆论压力，并促使广州各中心城区在 2012 年以后不再签订外包合同，将环卫服务收回科层体制内，与此同时各外围城区仍然维持外包。2016 年以来，在国家大力推动下，PPP 模式风靡全国，广州市也自上而下地启动了新一轮的环卫服务市场化改革。本轮改革旨在推行投资规模大、合同期限长、合作范围广的 PPP 模式，这一模式通过延长合作期限、要求合作方参与投融资的合同结构来降低交易成本，寻求建立公私部门间更合理的风险分配机制。目前，广州市在环卫服务市场化改革实践中透露出在全市推行这一类型 PPP 模式的意愿。

从发展历程可见，合作风险的不合理分配是激发广州市不断变革环卫体制的动力。第一次市场化改革期间，高昂的交易成本和公私部门利益的分化使得政府最终承担了绝大部分合作风险，促使部分地方政府收回外包。收回外包后，政府虽然增强了对于环卫服务的控制力，降低了交易成本，但是环卫服务供给上的经济成本也相应提升，潜在的政治风险和舆论风险也将全部由政府承受。在第二次市场化改革启动后，政府部门尝试通过完善合同结构来降低交易成本，实现更合理的风险分配。然而，当前的合同结构仍未能完全消除合作风险，政府在同社会资本合作的过程中仍然可能面临与社会资本"高度捆绑"、为风险兜底和风险规制能力降低的问题。因此，为了实现更为合理的风险分配机制、提升 PPP 模式下环卫项目的可持续性，可以从以下四个方面着手。

1. 改革环卫服务管理体制，建设适应市场化运营模式的管理体制

大规模合作、机械化作业是未来广州市环卫服务发展的必然趋势，这要求广州市改革现有的碎片化的环卫服务管理体制，加强区一级政府对环卫服务事业的管理和统筹。广州市环卫服务体制第一次市场化改革陷入困境的重要原因在于街道所发布的单个环卫服务招标项目资金规模过小，难以吸引到高资质的社会资本开展合作，也缺乏促使合作企业推行机械化作业的激励机制，导致其走向不断压缩环卫工人工资成本的道路。因此，未来广州市需要将街道所负责的街巷垃圾清扫、生活垃圾处理与分类工作整合至区一级政府之中，通过区级政府对环卫服务需求的统筹打造全地域、多环节、大规模的环卫服务招标项目，解决当前区与街道的环卫保洁责任分工体制下街道环卫服务合作项目运行中所面临的难题。

2. 出台环卫服务 PPP 项目合作合同指引文件，规范合同管理工作

当前，广州市环卫服务 PPP 项目正处于试点阶段，政府尚未形成一套规范化、标准化的环卫服务合作合同管理模式，这对于广州市全面推行以 PPP 模式为主的环卫服务体制造成了困难。未来，广州市需要根据《关于规范政府和社会资本合作合同管理工作的通知》等国家政策文件的指引，结合广州本地环卫服务合作的实际情况，出台广州市环卫服务 PPP 项目合作合同指引的相关文件，明确环卫服务 PPP 项目合作合同的订立原则、内容结构、合同修订等具体问题，建立规范化、标准化的合同管理模式，最大限度地降低合作风险爆发的可能性。

3. 改进合同结构，优化环卫 PPP 项目的绩效评估机制与退出机制

缺乏切实可行的绩效评估机制与合作退出机制是广州环卫服务市场化改革中风险分配不合理的重要原因。政府对合作方的资源配置方式、环卫保洁效果缺乏科学有效的绩效评估将导致合作方违约行为所产生的社会后果由政府部门承担。为此，广州市未来需要不断改进环卫 PPP 项目合作合同的结构与内容，引入科学先进、切实可行的绩效评估工具实现对合作方行为的有效制约，同时还需要制定规范合理的合作退出机制及后续的应急管理机制，既保证合作绩效评估结果对合作方产生足够的威慑力，又能够保障城市环卫服务在 PPP 项目合作突然终止后不受过大影响，促使合作方严格遵守合同规定提供优质高效的环卫服务。

4. 引入外部监督，增强政府的风险规制能力

在现实情境下，公私部门合作的潜在风险是难以完全预料的，因此需要借助外部的力量帮助政府及时发现合作风险，提升风险规制能力。经济形势、政策变动等因素都有可能对 PPP 项目的可持续性产生不可预料的影响，同时广州市环卫服务 PPP 项目属于公共服务类 PPP 模式的范畴，其公共风险的爆发不一定会以财务风险的形式表现出来，因此这类项目风险的隐蔽性往往更强。为降低风险对环卫服务 PPP 项目可持续性的影响，未来广州需要在项目运营的过程中主动引入外部监督，通过公众参与、信息公开等形式向社会公布项目运营状况，借助外部监督提升政府在 PPP 项目合作中的风险应对能力，提升项目的可持续性。

参考文献

［1］北极星固废网，2019a，《好事多磨！广州市市环卫 PPP 项目第三次延期》，北极星固废网，http://huanbao.bjx.com.cn/news/20190929/1010524.shtml。

［2］北极星固废网，2019b，《深圳、广州环卫 PPP 项目先后开标 盈峰中联、侨银力压群雄》，北极星固废网，http://huanbao.bjx.com.cn/news/20191030/1017117.shtml。

［3］ 陈玎，2010，《公私部门合作中的风险分配：理想、现实与启示》，《公共行政评论》第 5 期。

［4］ 陈玎、李丹，2017，《PPP 政策变迁与政策学习模式：1980 至 2015 年 PPP 中央政策文本分析》，《中国行政管理》第 2 期。

［5］ 第一财经日报，2012，《广州城管环卫系统腐败多发今年查处 13 人》，新浪网，http：//news. sina. com. cn/c/2012 - 12 - 21/022225860536. shtml。

［6］ 樊纲、王小鲁、张立文、朱恒鹏，2003，《中国各地区市场化相对进程报告》，《经济研究》第 3 期。

［7］ 观察者网，2013，《广州荔湾 200 余环卫工停工要求涨薪》，观察者网，https：//www. guancha. cn/local/2013_01_11_119674. shtml。

［8］ 胡象明、鲁萍，2002，《治理视野下的政府公共服务市场化》，《北京行政学院学报》第 5 期。

［9］ 环保在线，2017，《我国环卫市场化发展历程：发端北上广深》，环保在线，ht-tp：//www. hbzhan. com/news/detail/118754. html。

［10］ 黄锦荣、叶林，2011，《公共服务"逆向合同承包"的制度选择逻辑——以广州市环卫服务改革为例》，《公共行政评论》第 5 期。

［11］ 梁怿韬，2019，《广州拟对 4 项市级环卫保洁采用 PPP 模式，总投资 1.4 亿元合作期 15 年》，新浪网，http：//k. sina. com. cn/article_2131593523_7f0d893302000iv8a. html。

［12］ 刘波、崔鹏鹏、赵云云，2010，《公共服务外包决策的影响因素研究》，《公共管理学报》第 2 期。

［13］ 吕志毅，2007，《广州市市容环境卫生的现状与发展》，环卫科技，http：//www. cn-hw. net/html/32/200704/2326. html。

［14］ 侨银环保，2020，《广州市市本级环卫一体化 PPP 项目正式运营，侨银环保助力广州"美颜"升级》，中国固废网，https：//www. solidwaste. com. cn/news/315159. html。

［15］ 全杰，2020，《广东省广州市市本级垃圾处理环卫一体化 PPP 项目正式运营》，《广州日报》电子版，https：//huanbao. in - en. com/html/huanbao - 2332289. shtml。

［16］ 人民网，2013，《广州环卫工罢工上访求加薪：月薪仅千元屡发抗议》，新浪网，http：//news. sina. com. cn/c/2013 - 01 - 14/054426026494. shtml。

［17］ 搜狐网，2017，《【突发】桂林环卫工人集体大罢工！市中心垃圾满地！背后真相令人唏嘘》，搜狐网，https：//www. sohu. com/a/145595491_735268。

［18］ 汤明旺、赵喜亮，2017，《E20 研究院：环卫市场化报告之一——从政府购买服务到 PPP》，中国水网，http：//www. h2o - china. com/column/745. html。

［19］ 王灏，2004，《PPP 的定义和分类研究》，《都市快轨交通》第 5 期。

［20］ 王小明，2012，《罗湖环卫工人停工：个案抑或改制后遗症》，新浪网，http：//fi-nance. sina. com. cn/roll/20120114/024511202026. shtml。

[21] 王燕子，2013，《越秀区环卫工人罢工 百余人聚集英雄广场后平静散去》，新浪网，http://news. sina. com. cn/o/2013 - 12 - 06/113528904231. shtml？from = www. hao10086. com。

[22] 网易财经，2011，《环卫工人大罢工 南京垃圾围城》，网易财经，http://money. 163. com/photoview/0HH40025/3285. html#p = 7J26BA2Q0HH40025。

[23] 温来成、刘洪芳、彭羽，2015，《政府与社会资本合作（PPP）财政风险监管问题研究》，《中央财经大学学报》第 12 期。

[24] 央视网，2012，《广州白云区环卫工人不满工资待遇罢工》，央视网，http://news. cntv. cn/20120223/110968. shtml。

[25] 叶林、杨雅雯、张育琴，2018，《公共服务的"后市场化"道路——以广州环卫服务改革为例》，《天津行政学院学报》第 1 期。

[26] 钟丽婷，2013，《广州番禺区环卫工罢工三天 街道称复工奖 300 元》，搜狐网，http://news. sohu. com/20130129/n364908126. shtml。

[27] 周小付、闫晓茗，2017，《PPP 风险分担合同的地方善治效应：理论构建与政策建议》，《财政研究》第 9 期。

[28] 周正祥、张秀芳、张平，2015，《新常态下 PPP 模式应用存在的问题及对策》，《中国软科学》第 9 期。

[29] Arrow, K. J., 1969, "The Organization of Economic Activity：Issues Pertinent to the Choice of Market Versus Nonmarket Allocation," *The Analysis and Evaluation of Public Expenditure：The PPB System* 1：59 - 73.

[30] Bel, G., Fageda, X., Warner, M. E., 2010, "Is Private Production of Public Services Cheaper than Public Production? A Meta-regression Analysis of Solid Waste and Water Services," *Journal of Policy Analysis and Management* 29（3）：553 - 577.

[31] Brinkerhoff, D. W., Brinkerhoff, J. M., 2011, "Public-private Partnerships：Perspectives on Purposes, Publicness, and Good Governance," *Public Administration and Development* 31（1）：2 - 14.

[32] Brown, T. L., Potoski, M., 2003, "Transaction Costs and Institutional Explanations for Government Service Production Decisions," *Journal of Public Administration Research and Theory* 13（4）：441 - 468.

[33] Chen, C., Li, D., Man, C., 2019, "Toward Sustainable Development? A Bibliometric Analysis of PPP-Related Policies in China between 1980 and 2017," *Sustainability* 11（1）：142.

[34] Choi, J., Chung, J., Lee, D. J., 2010, "Risk Perception Analysis：Participation in China's Water PPP Market," *International Journal of Project Management* 28（6）：580 - 592.

[35] Coase, R. H., 1937, "The Nature of the Firm," *Economica* 4 (16): 386 – 405.

[36] Forrer, J., Kee, J. E., Newcomer, K. E., Boyer, E. J., 2010, "Public-private Partnerships and the Public Accountability Question," *Public Administration Review* 70 (3): 475 – 484.

[37] Froud, J., 2003, "The Private Finance Initiative: Risk, Uncertainty and the State," *Accounting, Organizations and Society* 28 (6): 567 – 589.

[38] Grimsey, D., Lewis, M., 2002, "Accounting for Public Private Partnerships," *Accounting Forum* 26: 245 – 270.

[39] Grimsey, D., Lewis, M., 2007, *Public Private Partnerships: The Worldwide Revolution in Infrastructure Provision and Project Finance*, Edward Elgar Publishing.

[40] Hefetz, A., Warner, M., 2004, "Privatization and Its Reverse: Explaining the Dynamics of the Government Contracting Process," *Journal of Public Administration Research and Theory* 14 (2): 171 – 190.

[41] Hefetz, A., Warner, M. E., 2011, "Contracting or Public Delivery? the Importance of Service, Market, and Management Characteristics," *Journal of Public Administration Research and Theory* 22 (2): 289 – 317.

[42] Hodge, G. A., 2004, "The Risky Business of Public-private Partnerships," *Australian Journal of Public Administration* 63 (4): 37 – 49.

[43] Koppenjan, J. F. M., Enserink, B., 2009, "Public-private Partnerships in Urban Infrastructures: Reconciling Private Sector Participation and Sustainability," *Public Administration Review* 69 (2): 284 – 296.

[44] Lonsdale, C., 2005, "Post-contractual Lock-in and the UK Private Finance Initiative (PFI): The Cases of National Savings and Investments and the Lord Chancellor's Department," *Public Administration* 83 (1): 67 – 88.

[45] Mu, R., Jong, M. D., Koppenjan, J., 2011, "The Rise and Fall of Public-Private Partnerships in China: A Path-dependent Approach," *Journal of Transport Geography* 19 (4): 794 – 806.

[46] Osei-Kyei, R., Chan, A. P. C., 2015, "Review of Studies on the Critical Success Factors for Public-Private Partnership (PPP) Projects from 1990 to 2013," *International Journal of Project Management* 33 (6): 1335 – 1346.

[47] Roehrich, J., Lewis, M. K., George, G., 2014, "Are Public-Private Partnerships a Healthy Option? A Systematic Literature Review," *Social Science & Medicine* 113 (7): 110 – 119.

[48] Shen, L., Tam, V. W. Y., Gan, L., Ye, K., 2016, "Improving Sustainability Performance for Public-private-partnership (PPP) Projects," *Sustainability* 8

（3）：289.

[49] Wang, H., Xiong, W., Wu, G., Zhu, D., 2018, "Public-private Partnership in Public Administration Discipline: A Literature Review," *Public Management Review* 20 （2）：293 –316.

[50] Warner, M. E., Hefetz, A., 2012, "Insourcing and Outsourcing: The Dynamics of Privatization among US Municipalities 2002 –2007," *Journal of the American Planning Association* 78 （3）：313 –327.

[51] Williamson, O. E., 1979, "Transaction-cost Economics: The Governance of Contractual Relations," *The Journal of Law and Economics* 22 （2）：233 –261.

[52] Williamson, O. E., 1985, *The Economic Institutions of Capitalism*, The Free Press.

[53] Xu, Y., Yeung, J. F. Y., Jiang, S., 2014, "Determining Appropriate Government Guarantees for Concession Contract: Lessons Learned from 10 PPP Projects in China," *International Journal of Strategic Property Management* 18 （4）：356 –367.

[54] Zhang, S., Gao, Y., Feng, Z., Sun, W., 2015, "PPP Application in Infrastructure Development in China: Institutional Analysis and Implications," *International Journal of Project Management* 33 （3）：497 –509.

✦ 后 记

本文的写作灵感主要来自城市公用事业课程的课堂学习和课外调研活动。在课堂上，陈琤老师利用广州市环卫公用事业市场化改革的案例解释了城市公用事业的制度选择历程与影响因素，最后还为我们留下了一个问题：环卫市场化应该往哪个方向发展？这个问题当即启发了我。当领略了改革的曲折历程后，我不禁感慨和思考：广州花费二十多年探索环卫服务市场化道路，意义何在？这是我第一次对课程案例产生了如此强烈的求知欲，我非常希望能够知道广州在这段探索中到底收获了什么，暴露了什么问题，这能否帮助广州找到最合适的改革道路。因此，老师留下的问题便成为这篇文章的起点。然而，当我开始阅读文献时，我发现单单讨论广州环卫市场化改革的未来对一名本科生而言就是空中楼阁。只有了解改革的过去和现在，才能更好地理解它的未来。

课程的实地调研经历增进了我对广州环卫市场化改革现状的理解，为我明确本文的写作方向和价值取向提供了帮助。更重要的是，这段经历还让我对城市公共服务供给模式选择的价值取向有了更深的思考。在实地调研中，我发现广州市的环卫服务不仅在服务供给模式上存在"三个世界"，在环卫服务的质量与效果方面也有"三个世界"。重要政府机关所在地、代表性旅游景点以及老旧小区的环境面貌存在明显区别，这固然有上级部门注意力的因素，但环卫服务供给模式的差异不仅关系着一座城市的环境整洁程度，更与这座城市不同区域的居民是否能够平等享受到优质的公共服务紧密相连。因此，在探索适合的公共服务供给模式时，不仅需要考虑这一模式是否能够实现"花小钱办大事"的效果，也需要考虑这一模式是否能够让全市居民平等享受到高质量的公共服务，提升公众参与水平、充分吸纳社会意见应当成为未来城市探索公共服务供给模式的重要步骤。

回顾本文的写作过程，我非常庆幸自己能够在短短一个学期的课程中通过课堂学习、实地调研两种方式去了解城市公用事业这一议题，基于这一议题产生的思考对我的研究兴趣和价值观念产生了重要影响。最后，非常感谢陈玲老师为我们提供的宝贵学习机会，也非常感谢老师在本文选题、撰写、修改过程中给予的指导和帮助！